圖解

五南圖書出版公司 印行

團體輔導與諮商

閱讀文字

理解內容

觀看圖表

圖解讓
團體輔導
與諮商
更簡單

序

序言
完善的全方位團體諮商入門書

　　我很高興有機會可以寫這一本團體諮商的書，這麼多年來擔任諮商師訓練課程的教師，尤其是上大學部與碩士班的團體諮商課程時，常常覺得力有未逮。儘管我已經努力同時進行大學部與碩士班課程，希望可以讓成員不僅親自參與班上團體及課程外團體，自己有帶領和參與團體的經驗，同時讓碩士班學生在我的督導下進行實務演練。只是這些做法還遠遠不足，展現在臨床運用上就左支右絀，即便在進行督導討論時，在課堂上解惑，卻不一定可以說明清楚。寫這本書，讓我多多少少可以完成這個任務。

　　團體諮商領導的養成不易，我們也是一路有督導與教師的扶持，加上成員願意讓我們做實驗與實習，才慢慢熟成。因此要將此書做為入門書，需要考慮到許多層面與議題，我也希望本書的結構與呈現，能夠吻合這一點，同時希望讀者閱讀時較為順暢、理路清晰。

序言

第1章　團體工作簡介

第2章　團體諮商專業倫理

第3章　團體領導

第4章　團體領導者的工作

第5章　團體發展階段

第6章　團體基本技術

第7章　團體使用的活動

第8章　團體過程可能出現的問題

第9章　不同理論取向的團體諮商

第10章　適合學校的團體諮商與注意事項

第11章　大專院校與社區團體諮商

第1章
團體工作簡介

1-1 什麼是團體？

一、團體的定義

團體是大於其部分的總合，是一個活生生的系統，可影響個人（Forsyth, 1999），基本上，所謂的「團體」應該有一個共同目的，參與成員間有機會彼此互動交流。

Forsyth（1999, p.6）統整了許多學者專家對於團體的定義要素，包括了：（一）團體內成員是彼此溝通互動的。（二）團體成員間是彼此影響，互相依賴的。（二）成員彼此是有關連的。（四）成員對彼此來說有心理上的顯著意義（psychologically significant）。（五）成員擁有互相分享的身分。（六）團體是一個有建構的社會組織。

Johnson 與 Johnson（1994）則另外加上團體可以「滿足個人需求的動機」與有「共同目的」兩項。

總而言之，構成團體的要素有（Forsyth, 1999, pp.7-11）：

（一）**成員彼此間有互動**：團體成員會為彼此做事情或是一起做事情。

（二）**團體有結構**：成員彼此間的互動是有組織、有關連的，互動有其規則，且是持續的。

（三）**團體有凝聚力**：成員彼此之間因為有情感的連結，因此有彼此互為一體、彼此依靠與支持的感受，其連結的強度也決定了團體凝聚力的程度。

（四）**成員間有社會認同**：成員彼此間認可對方是團體中的一分子，而這個團體是特殊的，個人在團體中有自我認同與自尊。

（五）**團體有目標**：團體的存在必定有其目的，因為共同目的而可以一起工作。

二、團體任務

團體一起合作的任務有哪些？McGrath（1984, cited in Forsyth, 1999, p.10）依據四個團體目標（生產、選擇、協調與執行）做結合，發現團體可以有幾項基本任務：

（一）**生產性**：產生或構思策略，以完成工作；激盪創新思考或方式，來解決問題。

（二）**選擇**：選擇用哪些適當策略做決定或解決問題。

（三）**協調**：協調或化解彼此間的歧異，以達成共同目標。

（四）**執行**：執行行動以對抗外在團體或表現。

這是就一般的任務團體而言，團體成員為了共同目標而商議解決方式或方向，協調人力與資源，最後執行工作、達成目標。

本書著重的諮商團體，當然有其目標，只是依照團體需求與性質而不同，此外，也較重視教育與支持兩項功能，這部分會在稍後的章節做詳細討論。

學校及教育機構的心理教育宣導工作

從全校性的朝會開始做宣導。

↓

以「班級」為單位做宣導，這也是一種團體輔導的模式（或稱「班級輔導」）。

↓

倘若班級宣導效果有限，就會採用「團體諮商」模式。

 團體輔導與諮商的區分

團體形式	團體輔導	團體諮商
目的	教育或發展。	心理教育及治療。
實施對象	以全班為單位較多。	以特殊需求的學生為對象，如需要加強其社交技巧者、受創或受虐兒童、懷孕青少年，人數通常在 12 人以下。
領導人	輔導教師或諮商師	受過專業訓練的心理師、對於主題（如離婚家庭子女、創傷壓力症候群、霸凌議題）有訓練背景者。
進行次數	可以 1 次或多次，主要看機構或學校資源與時間而定。	以 5 次以上為主，可以至 12 次以上。
進行方式	進入班級做輔導時，通常會配合一些相關活動（如影片放映或小遊戲）穿插在內，然後引導討論，著重在知識的獲得。	在限制次數內，就某一主題做深入探討與了解，重在成員的分享與學習。
注意事項	班級秩序與班級經營。	秩序管理、催化討論。

＋ 知識補充站

「諮商」是在一般場域中使用，學校或教育機構裡較常使用「輔導」一詞，主要是因為所服務的對象以發展中的學生為主，通常還需要加以指導或引導，或是加以輔助，因此採用「輔導」的字眼。

1-2 團體或班級輔導注意事項

一、何時需要做團體輔導？

團體輔導基本上是針對發展中的個體所做的教育性、預防性宣導，在高中以下的學校常常是運用「班級輔導」模式進行，也可以在大專院校進行。

國內高中學校輔導的項目有三種，它們是生活輔導（或稱「行為輔導」）、學習輔導與生涯輔導。學校輔導工作的項目，也依此三者做適當設計與執行，輔導教師也會依據學生需求、學校資源與自己的時間，進行相關的班級輔導工作。像是目前重點工作「友善校園」（涵括了生命教育、性別平等教育），輔導教師可以依照學校情況與需要，就不同主題來安排班級輔導。

譬如，之前北投文化國小的殺童案，讓一般民眾對於「開放校園」存疑，輔導教師可以就「校園安全」的議題進行班級輔導，只是不同年級可能著重的焦點不同。

（一）**低年級學生**：可以進行具體的「自我保護」教育，包括師長會確保學童安全、結伴行動、遇到不認識的陌生人要報告師長，有人問路不要跟著他／她走，在校外可以找超商或是人多的地方躲藏等。

（二）**中年級學生**：除了（一）中的重點外，可以加強網路方面的安全教育，出門要讓家人知道去處及同行者，也要留聯絡電話；要讓家人認識自己的朋友，不要流連網咖，不要單獨一人行動等，

遇到緊急事情要找師長商量或報告。也可以教導一些肯定訓練、拒絕他人的方式。

（二）**高年級學生**：可以就網路安全、可能的陷阱與預防之道進行教育，可疑人物的辨識與通報，如何拒絕同儕壓力（如前往不良場所或參加幫派），以及必要時的緊急因應措施。

「班級輔導」就是以班級為單位，進行教育、發展或預防性的教學與宣導。倘若是全校性的教育宣導，可以利用全校集會的場合進行，接下來為了讓宣導效果更深入，可以逐班或逐年級一一進行班級輔導。像是全校性的議題（如霸凌），或是預防（如校園安全）、發展性（如六年級生要準備升國中、青春期的相關事宜）的主題，也可以利用班級輔導來進行。

倘若不同班級有特殊問題（如特殊學生、轉學生、關係霸凌等）需要宣導或預防，也可採用班級輔導的方式進行，像是班上有外籍生、轉學生或特殊需求（如身心障礙）的學生，也都可以多加利用班級輔導。

班級輔導的進行需要班級導師與其他教職員的配合，班導是班級輔導最重要的助力，若班導發現學生有特殊需求或問題，需要進行班級輔導做預防與教育，都可以與專輔教師配合進行。此外，進行班輔需要時間與地點，要取得班導的合作才能竟其功。

 **為何需要團體**（Jacob, Masson, & Harvill, 2009, pp.2-5）

團體功能	說明
經濟效益	就時間與需要投注的心力來說，比較有經濟效益。 個別諮商是一對一，團體諮商是一對多，在人力不足的情況下（特別是學校單位），團體諮商是最符合經濟效益的，不管是在建議或諮詢、價值澄清、個人成長、支持與問題解決議題上，都是如此。
共同經驗	發現自己不孤單，因為其他人也有相似的經驗或關注議題。
更多樣的資源與意見	若有許多人在團體中，可以提供的資源或意見就更多，使得團體經驗更有趣、更有價值。
歸屬感	團體成員因此而認為自己是團體中的一員，有個屬於自己可依附的團體。
技巧練習	團體可以是一個安全與支持的場域，讓成員們練習新的技巧與行為，然後將其轉移到團體外的日常生活中。
回饋	團體成員間彼此可以接受回饋及回饋給對方，
替代學習	成員之間有類似經驗或議題分享，包括成功與失敗的經驗，從他人的經驗中可以間接學習到許多知識與技巧。
真實生活的情況	團體像一個社會縮影，也較貼近真實的生活情況，可以暫時性地取代所生活的社區。
承諾	團體成員會因為團體的期許與同儕壓力，更願意承諾做改變，像是戒酒匿名團體、戒菸、減重團體等。

＋ 知識補充站

　　團體是一個小社會，因團體可以滿足人有歸屬、與人建立親密關係以及掌握權力（包含掌控他人與被掌控）的需求，當然也可以看到不同性格與態度的人，就與生活中所遇見的人相似。

1-3 班級輔導教師需要具備的知能

（一）**領導者需要具有團體輔導相關知能**：領導者受過團體相關專業訓練，也獨自帶過團體，瞭解團體動力結構及如何運作，有哪些重要因素必須注意，都是執行班級輔導（或稱「班輔」）之前必備的基本條件。

（二）**領導者需要有班級經營技巧**：因為班級輔導面對的是一群人，成長中的孩子不是那麼容易管理，倘若不明白如何約束學生、做秩序管理，可能班上鬧哄哄一片，或是各自做自己的事，無法有效進行班輔，自然也無法達成預設的目標。

（三）**領導者需要對主題有瞭解或具專業背景**：做班級輔導必須要對所欲宣導的主題（如霸凌、性別平等、時間管理等）有相當瞭解，才可以進一步執行設計的方案，要不然很容易在進行中有左支右絀的感受。

（四）**領導者需要對服務對象的發展階段與需求有所瞭解**：這樣才知道服務對象的需求為何？有哪些發展特色必須留意？學生的次級文化與使用的語言如何？

（五）**領導者具有與學生互動的能力**：帶班級輔導需要有與學生互動的能力，不僅要瞭解他們發展的情況、使用的語言，也要清楚此班的班風與特色，就更能融入其中，讓學生更有意願參與。

（六）**可以用各組競賽方式進行**：因為班級人數眾多，若是邀請他們發表意見，可能只限於若干較願意發言者，相對就減少了全班的參與度，因此可以適當使用分組方式，盡量讓全員參與。

（七）**領導者瞭解與善用增強原則與代幣制度**：既然是以分組方式競賽，在決定計分制度時就要注意正確性與公平性，同時善用社會性增強與代幣制度的優勢。

（八）**領導者要注意執行時的公平性**：在國中、小以競賽方式進行搶答，也要注意公平性，允許學生有相等的機會發言，有時候也要注意一些較為「慢熟」（要經過一段時間才敢舉手發言）的學生，以及發言頻率較多的學生（必要時得以忽視的方式處理）。

（九）**運用不同媒介吸引學生注意**：現在有電腦科技的輔佐，容易取得資訊與相關影片來協助說明。採用時，需注意螢幕是否夠大。在實際做班級輔導之前，也要先確定這些設備都無問題，要不然容易耽擱大家的時間。

（十）**相關活動之後進行分組討論最佳**：單向宣導方式效果最差，除非有很好的媒介（如影片或新聞畫面），以及有趣的活動連結，加上班上人數通常超過 20 位，要請他們分享會有難度，因此，若在相關活動之後，讓成員進行分組討論是最有效的方式，然後請各組選一名代表發言。

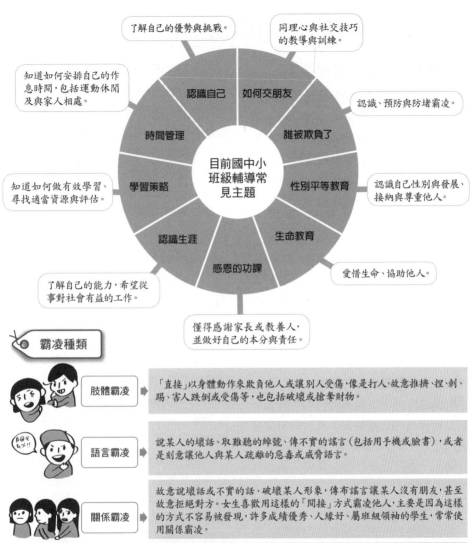

了解自己的優勢與挑戰。

同理心與社交技巧的教導與訓練。

知道如何安排自己的作息時間，包括運動休閒及與家人相處。

認識、預防與防堵霸凌。

認識自己性別與發展、接納與尊重他人。

知道如何做有效學習、尋找適當資源與評估。

愛惜生命、協助他人。

了解自己的能力，希望從事對社會有益的工作。

懂得感謝家長或教養人，並做好自己的本分與責任。

目前國中小班級輔導常見主題

- 認識自己
- 如何交朋友
- 誰被欺負了
- 性別平等教育
- 生命教育
- 感恩的功課
- 認識生涯
- 學習策略
- 時間管理

霸凌種類

肢體霸凌
「直接」以身體動作來欺負他人或讓別人受傷，像是打人、故意推擠、捏、刺、踢、害人跌倒或受傷等，也包括破壞或搶奪財物。

語言霸凌
說某人的壞話、取難聽的綽號、傳不實的謠言（包括用手機或臉書），或者是刻意讓他人與某人疏離的惡毒或威脅語言。

關係霸凌
故意說壞話或不實的話，破壞某人形象，傳布謠言讓某人沒有朋友，甚至故意拒絕對方。女生喜歡用這樣的「間接」方式霸凌他人，主要是因為這樣的方式不容易被發現，許多成績優秀、人緣好、屬班級領袖的學生，常常使用關係霸凌。

性霸凌
因為某人的性特徵（如女性的胸部或男性的陽具），或是行為表現不符合該性別的刻板印象（如男生「很娘」或女生「粗魯、霸氣」）或是性傾向（同性或雙性戀者）少數，就會受到侵犯身體、嘲弄、開玩笑、散布謠言、勒索或破壞財物等。有些遊戲本身也是霸凌的型態，如「阿魯巴」，在青春期的校園更容易看見。

網路霸凌
藉由電腦（如上社交網站、臉書）或科技（如手機）等媒介，而散布私密、謠言或不雅照片，目的是破壞某人的形象或名譽，甚至讓某人孤立、沒有朋友。網路霸凌的出現，代表霸凌可以運用的媒介很多元，讓霸凌的傷害更無遠弗屆！

反擊型霸凌
某人本來是霸凌受害者，後來因為受不了被欺負、反過來去欺負霸凌他／她的人或其他人。

1-4 班級輔導的設計原則與進行

一、班級輔導的設計原則

（一）注意實施對象的發展階段與特色

如此才能設計出有效的活動，真正傳達教育目標，也就是同一主題可能會依照不同發展階段而有不同的設計。

例如「性別教育」，在低年級可能是「認識自己」（包括自己的性別、生理特徵、長相與特色），中年級可能是「身體認識與保健」（瞭解不同性別的生、心理特色，但也要注意避免性別的刻板化），高年級可能主題就是「人際關係」（包含親密關係、同異性關係、性騷擾等）；再者，同一個年級的班級輔導設計，也可能因為班級氣氛與經營情況不同，而會做適度的更改與調整。

（二）班級輔導設計的諮詢

班輔的設計可以先諮詢同儕或教師，看流程與內容是否適當？有沒有需要考慮的地方？領導者最好有「B計畫」或「C計畫」，預防所設計的計畫無法執行或遭遇問題時使用。

（三）安插相關活動

因為國中以下孩子的專注力較短，需要配合有趣的活動，讓他們不覺得無聊。活動的設計目的不是好玩，而是要配合主題與目標，接著在活動之後做聚焦的討論或提問。活動的安排要注意不要造成班上秩序過度紛亂或吵雜（會妨礙其他相鄰班級），也要注意公平性，最好讓全部學生都可以參與，讓學生答題時，最好讓舉手的同學都有公平機會。

（四）可以因應班級的需要而客製化

若是發現有些班級有特殊議題（像是女性情誼、轉學生），也可以請輔導教師協助，讓學生有更深入的瞭解與體會。除了主題的因「班」制宜之外，還要考慮每一班的導師配合度不同、班級氣氛各異，因此設計好的班級輔導還是要彈性地做適當因應，務必讓效果達成率更高。

二、班級輔導的進行

班級輔導有些是一次性的（如霸凌防治宣導），也可以是一連串系統性的（如如何辨別與防治霸凌），端視班級需要或是輔導教師的評估而定。

班級輔導如同團體諮商，是基於經濟效率的原則，需要設計相關主題的活動，讓學生可以進一步體驗、更深入瞭解某些議題，而不是像全校性的朝會宣導那樣淺顯與表面。

班級輔導可以採用多媒體來協助進行，包括電腦、繪本或影片播放等等，也可以安插一些小組討論，或是以發表、繪畫、演戲與遊戲等方式進行。若需要放映或是藉由電腦操作，要讓全體學生都可以看見輔導教師準備的媒材。若要使用繪本，以電腦投射大螢幕較佳，不要用紙本的繪本。

此外，要注意學生座位的安排（讓每位學生都可以清楚看到教師或進行的說明）、設計內容的適當性（是否容易被理解、合乎主題）。

班級輔導設計舉隅

主題：「霸凌與我」　　對象：中年級　　活動次數：三次

第一次班級輔導主題：什麼是霸凌？

進行主旨	進行方式	注意事項
我知道的「霸凌」	1. 播放 5 分鐘的霸凌繪本 PPT《不是我的錯》。 2. 針對內容提出幾個有獎徵答。 3. 將「霸凌」做定義與舉例說明。	全班無人舉手發言、無法進行下去，或搶著發言，班級秩序可能會大亂，若班級導師在現場，可以發揮約束作用，但還是要看輔導教師與這一班的關係與隨機應變的能力。 可以用記分方式來做秩序管理。
我的經驗分享	邀請班上同學分享曾經目睹過的霸凌行為，將所敘述的霸凌在黑板上做分類。	有些霸凌現象可能是班上就已發生的，若有人提出可能會被視為「報馬仔」或是引起騷動。輔導教師要鎮靜應對。
哪些情況是霸凌？	將上述分類做補充，也舉事例分享。	
心得與頒獎	讚許班上同學的積極參與，輔導教師從同學身上學到的是什麼，並做此節秩序表現頒獎。	頒獎可能有同學不同意輔導教師的裁決。

第二次班級輔導主題：遇到霸凌該怎麼辦？

進行主旨	進行方式	注意事項
霸凌有哪些？	以有獎徵答方式複習上次的分類與事件。	可以將繪本的內容再次做呈現，讓學生熟悉並參照。
霸凌該如何處理？	分為受害者、旁觀者的身分，分享曾有過的經驗。	將有建設性或有效的方式留下來，寫在黑板上，加入同學沒有提到的。
受害者的感受	請學生設身處地想像受害者的感受並表達出來，也詢問：「為什麼受害者不敢告訴別人？」 全班一起分組討論，然後寫在紙板上，教師做總結。	有些受害者可能還持續受害中，在分享時或許會有激動情緒；有些害怕被報復，可能不敢分享。此時要提供給全體學生霸凌通報管道與處理流程。
旁觀者或路過的人也有責任	以演戲方式呈現一個劇情，然後全班分組討論可能的結果與做法。	通報者會擔心自己成為下一個受害者，然而道德責任是每個人都有的。

第三次班級輔導主題：被霸凌者的生活（中年級）

進行主旨	進行方式	注意事項
播放教育部宣導影片有關霸凌受害者的故事	進行「如果我是他／她（劇中受害者）」，我的感受是？（舉手發言、以團體記分）	協助有些同學無法正確表達感受的情況，協助釐清。有些同學可能會有喧鬧或是離題的情況，適度予以忽略。
（續上）	分組進行問題解決的演練（準備時間 6 分鐘）。	在秩序上可能需要維持，也要注意各組進行的情況，不要流於偏差的解決方式。
分享今日學習所得	請同學將今日進行的內容做摘要，並分享自己所學習到的處理方式。	教師可以做補充或說明。

1-5 團體諮商的功能與限制

一、團體諮商的功能

團體諮商是一個經濟又有效的治療方式，目前已經蔚為流行。就社會學觀點來說，團體就像一個小社會，可以從中展現個人不同的人際模式與風格，也可以彼此依賴與學習，正因為團體模式較為貼近實際情況，因此較容易將學習做遷移與運用。

本書所指的團體諮商是指一般的成人團體，而非其他特殊族群（如種族、年齡、性傾向、身體障礙、癌症支持團體），若讀者要服務的對象是較為特殊的族群，就必須針對該族群的相關知識與技巧做深入研習與瞭解，才可能提供更好的服務給當事人。

團體基本上是社會的縮影，人際間的學習是團體最著稱的效益，成員經由聆聽與分享就學習到許多，加上一般人會做自我反省，因而種下了改變的契機。

為什麼要參加團體？團體可以提供給成員什麼？從實際生存、心理學、人際關係與實務觀點，都可以看見團體發揮的功能。有研究者（Forsyth, 1996, cited in Forsyth, 1999, p.67）整理出以下幾項：

（一）**歸屬感**：成員被包括在一個團體中，滿足歸屬與安全的需求。

（二）**親密感**：尤其是凝聚力強的團體，可提供成員溫暖、支持與彼此關愛。

（三）**生產力**：協助成員增加生產力，完成個人與團體目標。

（四）**支持**：協助成員解決生活中大大小小的危機，不管是提供了情感支持或有效的資源。

（五）**影響**：運用社會力量與影響力，提供方法給予他人影響（或對他人生活有助益）。

（六）**探索**：可以提供資訊、新的想法或體驗。有些成員也在團體工作中，覺察到自己未處理的議題，願意去尋求諮商協助或做進一步解決。

二、團體的限制

（一）諮商團體不是團康活動

進行團體諮商時，可以安排小小的暖身活動，這樣的暖身活動與接下來要進行的主題有關，或是就上一次團體所進行的內容做簡單摘述，讓成員可以銜接這一次的主題。年紀越小的成員所組成的團體，活動要多一些，活動結束後可以直接做討論或探索，然而這些活動也都有其目的，而不是玩耍。許多不瞭解諮商團體的人會誤將其視為團康活動，但團康與諮商不僅在目的、意義與功能上都有極大差異，最重要的是領導者訓練與效能也不同。

（二）團體不是在團體中做個別諮商

在團體諮商進行中，領導者或許會針對某位成員的某個議題做深入的探索與瞭解，但要注意時間的分配。倘若一個團體有8人，一次團體時間只有2.5小時，每位成員使用的時間以不超過15到20分鐘為宜，否則會耽擱到其他成員的時間與分享程度，成員也會覺得領導者是在處理「個人議題」，而非團體共同關注的議題，也就是團體並不適合所有人。

個別諮商與團體諮商的差異

個別諮商　　　　　　　　　**團體諮商**

人數
一人
4人至12人（或以上），視主題或時間而定。
Point：因有更多人知道，保密就更不容易。

對象與進行方式
一對一、面對面
一對多、直接。
Point：若只專注於若干成員，就容易忽略到其他成員。

動力不同
當事人與諮商師兩人
諮商師及參與成員全體，就經濟與人際層面來說效果較佳，也容易獲得支持。
Point：有些人較不習慣在他人面前說話或發表不同意見。

諮商室外的掌控
較容易掌握
較難掌控。
Point：因為人員眾多，保密較難，也會影響到成員在團體外的表現。

效果
較不易評估
效果較佳。
Point：團體彼此會有歸屬感、獲得支持，也可以在類似外面社會情境的團體中學習與練習所學。

時間
較固定，每次40分鐘到1小時，必要時可延長。
若以每人20分鐘來計算，每次需要1小時以上。
Point：團體中若有人缺席，動力就會受到影響。

團體諮商與團康活動之區別

團體諮商　　　　　　　　　**團康**

目的與功能
教育與治療
娛樂

意義
一群有共同目的者聚集在一起，互相學習與支持。
一群人一起參與活動，彼此沒有心靈上的互動或交流。

領導者角色
設計團體進行流程，團體計畫有邏輯、由淺入深。
設計與規畫團體活動方式與內容，內容以創新、好玩、娛樂大家為主。

領導者資格
通常經過專業訓練與被督導的情況下實習，以及認證。
無諮商領導類似背景。

進行方式
基本上有時間與次數的限制，以達成目標。
可能是單次方式進行。

1-6 團體諮商的成功因素與療效

團體諮商要成功，除了適任的領導者之外，影響團體諮商的成功因素有以下幾種（Jacobs, 2009, pp.41-49）：

一、領導者與成員澄清各自之目標：有團體欲達的目標與成員個人的目標，彼此吻合度越高越佳。

二、連結成員彼此目標的關係：讓成員彼此的目標有共通性。

三、團體大小：若團體太小，則互動不足；若團體太大，則會因為時間限制而無法有足夠的互動。

四、每次團體諮商的時間長度：必須要足以讓所有成員都可以分享到，雖然不是每次所有成員都會分享，但是在時間的安排上一定要足夠，因為會影響到討論的深度或技巧練習的熟練度。

五、聚會的次數：雖然聚會的頻率與團體目標或參與者的組成有關，但次數不要多到讓成員覺得無聊，也不要少到讓每次團體諮商都像是第一次進行。

六、地點的適當性：團體諮商進行的物理環境很重要，要交通便利、不受干擾、舒適安全的坐椅等，最好是在同一地點。

七、聚會時間：聚會時間最好讓成員都覺得方便，不要有時間的急迫性。

八、領導者的態度：領導者對於團體工作的興趣與能力是非常重要的，儘管領導者可能不喜歡所有的成員，但是要展現出專業的態度，也要自我省思可以改進之處或有哪些未竟事務要處理。

九、封閉或開放團體：封閉團體基本上目標明確、有時間限制，成員間的信任度也較容易建立，開放團體可能成員流動率高、較難掌控團體的進度，但是這都需要領導者去做調適與安排。

十、自願或非自願成員：自願型成員動機強，也較容易讓團體進入工作階段，但是許多非自願者參與的團體，也可以讓成員轉換態度或立場，獲得更多的學習。

十一、成員承諾的程度：與成員想要收穫的呈正相關。領導者可以經由直接詢問成員在團體中的感受而得知。

十二、成員彼此間的信任度：這會決定成員願意冒險的程度，然而成員會三不五時測試一下團體氛圍與對領導者的信賴程度。

十三、成員對領導者的態度：若有成員對領導者不信任或不喜歡，有時候也會明顯表現出來，領導者要隨時檢視其領導風格與每次團體諮商進行的過程，讓成員間可以有更多正向的互動。

十四、領導者的經驗與準備度：特別是團體諮商進行中發生一些意料之外的事件時，就可以瞭解領導者的處置能力如何。領導者也是人，不可能不犯錯，然而隨著經驗的累進，覺察更迅速，也能更快做修正，最好有同儕或督導可以討論。

十五、協同領導的協調情況：這是考驗兩位領導者彼此的默契與合作，因此儘管兩人個性迥異，還是可以成為成功的合作夥伴。

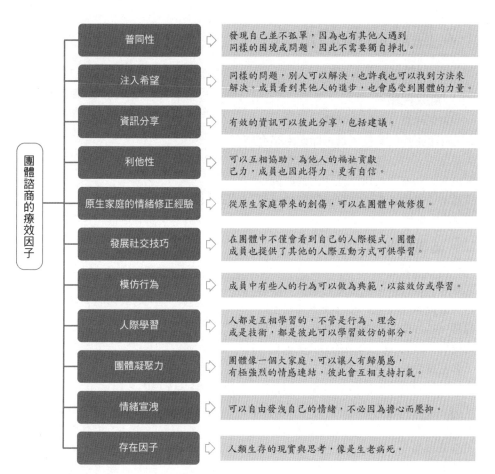

團體諮商的療效因子

普同性	⇨	發現自己並不孤單,因為也有其他人遇到同樣的困境或問題,因此不需要獨自掙扎。
注入希望	⇨	同樣的問題,別人可以解決,也許我也可以找到方法來解決。成員看到其他人的進步,也會感受到團體的力量。
資訊分享	⇨	有效的資訊可以彼此分享,包括建議。
利他性	⇨	可以互相協助、為他人的福祉貢獻己力,成員也因此得力、更有自信。
原生家庭的情緒修正經驗	⇨	從原生家庭帶來的創傷,可以在團體中做修復。
發展社交技巧	⇨	在團體中不僅會看到自己的人際模式,團體成員也提供了其他的人際互動方式可供學習。
模仿行為	⇨	成員中有些人的行為可以做為典範,以茲效仿或學習。
人際學習	⇨	人都是互相學習的,不管是行為、理念或是技術,都是彼此可以學習效仿的部分。
團體凝聚力	⇨	團體像一個大家庭,可以讓人有歸屬感,有極強烈的情感連結,彼此會互相支持打氣。
情緒宣洩	⇨	可以自由發洩自己的情緒,不必因為擔心而壓抑。
存在因子	⇨	人類生存的現實與思考,像是生老病死。

＊ 註:這些療效因子彼此間不可切割,所指的是改變過程中的不同區塊。
(Yalom, 1995)

＋ 知識補充站

團體的療癒因子(therapeutic factors)是指團體治療裡的一個元素,可以改善成員的情況,也是治療師、團體成員的功能之一。

1-7 團體諮商的形式

一般團體諮商可做以下區分：

一、開放程度

「封閉團體」指的是團體一旦截止報名，就不再加入其他成員，即便中間有成員流失，也不補足。「開放團體」通常沒有限制參與人員或是加入的時間，成員可以自由進出，在醫療院所的治療團體較常見。

二、結構程度

團體可依結構的嚴謹程度區分。一般人比較喜歡參與結構性強的團體，因為團體經過事先設計，成員較清楚流程或目標，其目標在促進成員對於生活問題的覺察，學習以適當有效的方式去因應。「非結構團體」指的是團體沒有事先設計，因此領導者會依據成員提出的議題開始，可能會花很長一段時間在找討論的主題。提供團體的結構性可讓成員有安全感與信任，並設定界限，在團體進行初期可以較有結構，新手領導者也適合從結構性較強的團體開始帶領。

三、時間長短

大多數的團體有時間限制且固定進行，像是每週 1 次、每次 3 小時，進行 12 次。也有團體希望在短時間內凝聚團體動力，也讓彼此增加熟悉度，而採用 3 天 2 夜或更長的「馬拉松式」團體。至於無時間限制的開放團體，成員可以隨時加入，而團體是持續在進行的。

團體進行的時間通常與參與者的年齡與情況有關。一般的諮商團體是以成人為對象，所以以每人 20 分鐘來計算，一個 8 人團體，可能一次團體的時間就需要 160 分鐘（持續進行 8 至 12 週），這樣才可以達到彼此有交流互動的程度。如果參與成員是年紀較小的學童，或是有情緒或肢體障礙的孩子，每次的團體時間就要縮短（可能 20 至 30 分鐘），同時增加團體次數（每週 2 次）。

四、團體目的

可按照需求而有發展、預防、教育或治療等目標。發展或預防性的團體以心理教育目標為主，諮商（一般人皆可參與）兼具教育與治療目的，治療團體（通常是罹患心理疾病或功能失常者）則是以治療為主。團體目的也可以是短期、目標任務導向的，通常任務或目標達成，團體就可以解散。

五、參與對象

從幼童到老年、有能力到身心障礙、種族或性取向等不同，也有些是不加以限制。參與對象可以分為「同質性」或「異質性」；同質性高表示成員之間的相似度高，像是家長的親職團體（以提升親職效能為目的），異質性高則是指成員間的相似度相對較低，像是一般成人的成長團體。太多共同點可能導致團體停滯，然而共同點太少也會造成溝通與關係問題（Russ, 2004, p.17）。團體參與對象到底應該選擇同質性還是異質性高者，並沒有標準，主要看團體的目標來做決定。

六、有無領導者

一般的團體會有一或兩位領導者，或無固定領導者（像是讀書會或是自助型團體）。

諮商團體設計舉隅

主題	自我探索（國小高年級生）
目標	認識與瞭解自我，從不同觀點看見自己、進而悅納自己。
進行時間與次數	每週一下午班會時間（50分鐘），共計8次。
進行地點	學校團體諮商室
單元設計	每單元媒材可以是繪本、繪畫、動態活動、小型電影等，依不同主題及需要而定。

第1單元	認識你真好：成員彼此認識、並瞭解團體規範與如何有效運用團體。
第2單元	我是誰：小型記者會、猜猜我是誰。
第3單元	重要生命事件：印象很深的事件、對我的影響如何。
第4單元	我的家庭成員與我的關係：繪製家庭圖、家人關係圖。
第5單元	我的好朋友：朋友對自己的重要性、從朋友身上的學習。
第6單元	我的未來不是夢：檢視自己的能力與挑戰。
第7單元	給10年後自己的一封信：期待自己的模樣與進步。
第8單元	珍重再見：回顧前面7個單元與檢視團體對自己的影響，說再見。

一般個人諮商目標與步驟 （Ehly & Dustin, 1989, pp.34-39）

諮商目標

1. 促成行為改變。
2. 增進因應技巧。
3. 提升做決定的能力。
4. 增進人際關係。
5. 催化當事人的潛能。

諮商步驟

1. 認清問題所在。
2. 問題分析。
3. 治療、教育或訓練介入。
4. 評估改變計畫。
5. 協助當事人將新行為類化（或遷移）至一般生活中。

➕ 知識補充站

　　同質性團體的成員之間相似處多，彼此間的連結感受較容易建立，也會提供立即的協助，也較少衝突，然而也因為彼此太相同，少了不同觀點的衝擊與獨立思考。異質性團體雖然較難建立凝聚力，也可能會造成許多成員退出，但是因為成員組成較不同，也會有較多的新體驗與發現。

1-8 治療團體的形式

一般的治療團體（therapeutic groups）目的在提升對自我與他人的認識、協助成員釐清在生活上想要的改變。基本上可分為以下幾類（Schneider Corey, Corey, & Corey, 2014）：

一、任務或工作團體

一般機構中的委員會或是社區組織裡都有這樣的任務團體，是為了達成某目標而設立，若任務完成即解散。其工作項目通常有組織評估、訓練、方案設計發展與評估、諮詢等。

二、心理教育團體

功能正常，但欠缺特定領域的相關訊息（如自我肯定、情緒困擾、親職知能）者參與，藉由團體設計的內容與相關性，來發展成員在此領域的知情意能力，目的在於防範個人教育性的缺陷與心理困擾，適用於心理衛生教育的教育與訓練。心理教育團體對於發展中的個體（如兒童與青少年）的工作效果顯著，因為其著重在「學習」層面，也提供成員練習、預演、訓練及認知上的探索，藉以學習與修正人際互動的技巧。況且同年齡的人在一個團體中，彼此無位階與權力的考量，加上有同儕壓力，所以可以效仿學習的就更多。

三、諮商團體

協助成員解決生活中常遭遇的困擾問題（如情緒管理、人際孤立、受虐或創傷），擴及生活的不同面向，處理的是意識層面（而非潛意識）的問題，其目標不在於人格改變，也不關切較嚴重的心理或行為問題。諮商團體是「成長導向」的，強調成員間的互動、學習與支持，議題可以是預防、發展與矯正的。

四、心理治療團體

參與的通常是有心理疾患或功能失常者，其目標在協助成員重建人格，藉由團體的普同性與交流，可以為改變帶來契機。這一類的團體成員也是在適當醫療協助（如定期服用藥物控制）下，同時參與團體運作。治療師協助成員對問題進行探索與瞭解，修通可能的障礙，或協助成員完成未竟事務，產生新的頓悟觀點。

五、短期團體

一般的團體幾乎都是有時限制，且結構性較高的封閉式團體，只有少數人會帶領沒有次數或時間限制的團體。短期團體就像生命歷程一樣，有時間的框架，也因此其效果較佳、不會拖沓。短期團體通常是與其他團體模式整合在一起，像是短期悲傷治療團體、短期家暴加害者團體。

六、會心團體（encounter group）

人本心理學家 Carl Rogers 提出「會心團體」，主要是聚焦在參與成員彼此之間真誠互動與學習，以自我成長為目的。其性質與諮商團體較相近。

團體類型是依其目標而設定，基本上是混合的較多。像是舉辦一個 8 次、親子互動、具教育與治療的團體，就含括了「短期」與「心理教育」團體的要素。

不同團體的形式

任務團體	心理教育團體	諮商團體	心理治療團體	短期團體
1. 在許多組織與機構中常見。 2. 有具體要達成的目標，不管是學習、討論、訓練或發展。 3. 聚焦在運用團體過程，以增進其實務經驗、完成預定之工作目標。	1. 著重在發展成員認知、情緒與行為技巧。 2. 目標在預防個人教育性的缺陷與心理困擾。 3. 在學校或社區機構使用。	1. 協助成員解決生活上的一般性問題。 2. 強調生涯、教育、個人、社會與發展所關切的議題。 3. 一般社區或學校都可以使用。	1. 協助個別成員治療生活與心理困擾。 2. 參與成員通常是有心理困擾或功能損害者。 3. 通常在醫療院所使用。	有結構且有時間限制，與其他諮商或教育心理團體合併使用。

不同目標的團體

（Jacob 等人，2009, pp.6-19）

如教導如何使用輪椅的復健團體、讀書策略團體、糖尿病患者的營養、學習自我保護的婦女團體等。

焦點在於討論的主題或議題，像是讀書會、時事討論、讀經團體等。

當團體任務或工作完成就可以解散，像是個案討論、學生或教師討論如何減少校園暴力等。

一般民眾有共同關切議題者，固定時間聚在一起分享或討論，多數沿用的是「戒酒匿名團體」的 12 步驟。

團體類型

教育團體／討論團體／任務團體／成長與體驗團體／諮商與治療團體／支持團體／自助團體

成員有共同的經驗而聚集在一起，彼此依賴與支持。如天然災害受難者、老人或家中有人瀕死者、愛滋患者、未婚懷孕者團體等。

因為生活中遭遇到一些問題而聚集在一起的成員，彼此在領導者的帶領下互相協助，著重在彼此的支持探問與鼓勵。如情緒障礙團體、矯正機構內的青少年團體、飲食疾患或上癮行為、曾受性侵害者團體。

T 團體或訓練團體（training groups）以及「會心團體」都屬於此類。

成員有機會探索與發展個人目標、自我瞭解與瞭解他人。

此類團體著重在傾聽與分享，也有許多體驗的部分，像是體能的挑戰、冒險活動與合作。

1-9 進行團體諮商需注意的事項

一、團體目標的擬定

基本上是由領導者擬定，根據其所要服務的對象與需求來訂定。潛在的參與者除了對團體目標有所瞭解之外，在參加團體時也會有自己的期待與目標，通常團體目標與個人目標是一致的。像是「成長團體」的團體目標可能是認識與接納自我，個人目標可能是自我探索與多瞭解自己。團體目標與個人目標的契合度，也可做為成員篩選的條件。

團體目標可以是教育性的或預防性的，著重在資訊提供與技巧訓練，以防範未然；團體目標若是自我成長或探索，可能就會著重分享與彼此的學習；倘若目標是屬於治療性質的，領導者就會有較多的介入與處置。

二、讓成員瞭解團體運作方式與如何運用團體

並非每個人都熟悉團體的運作，或是知道要在團體中如何表現或運用團體，因此如果可能，最好在潛在成員都聚在一起的場合，說明團體運作方式與過程，以及成員可以如何運用團體，這樣也可以協助潛在成員決定是否參與、該如何在團體中表現，同時減少他們的焦慮感。

領導者在這樣的說明會時，需要說清楚在團體中適當的自我揭露與冒險是必要的，同時也要做個人生活的反思，團體提供一個安全而支持的環境，讓大家可以分享生活中所遭遇的困境或挑戰，以及因應之方。

此外，還可以將團體的基本原則，像是保密、準時出席、不要有小圈圈、團體的事物要在團體中討論等，做一些說明，當然這些團體規則可以隨著團體的進程做修正或改變。

有些領導者甚至會分享團體過程中可能有的焦慮與擔心，領導者的資格與訓練、角色與功能等等，甚至進一步開放讓潛在成員發問，都有助於未來團體的進行與運作。

這些有關團體的說明與釋疑，也可以在個別篩選成員時進行，一來可以教育成員該如何運用團體、瞭解自己的位置與角色，讓成員在進入團體之後，較早進入情況，二來也可以篩選掉不適合此團體的成員，並做適當轉介。

小博士解說 **性別與團體**

一般人參與的團體性質與性別刻板印象有關。一般來說，男性尋求權力與影響力，因此較常參與大型、有競爭性、目標導向的團體（如球類競賽、任務團隊）；女性尋求親密關係，因此較常參與小型的、非正式的支持性團體。

男性會為了加薪或學位而進修，女性較常為了建立關係與自我成長而參加進修，我們最常在諮商團體中看見的也以女性居多。

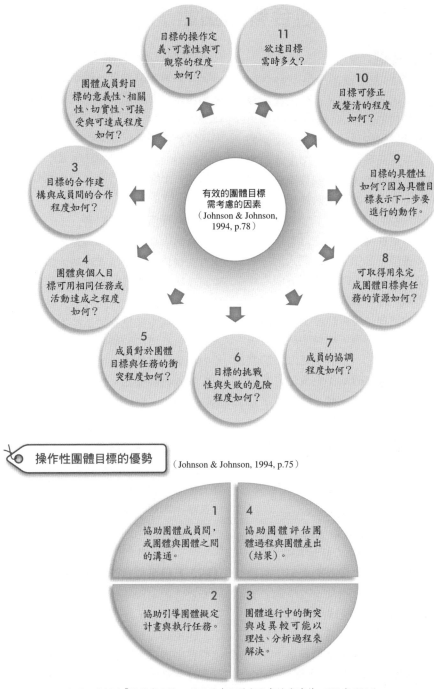

1
目標的操作定義、可靠性與可觀察的程度如何?

11
欲達目標需時多久?

2
團體成員對目標的意義性、相關性、切實性、可接受與可達成程度如何?

10
目標可修正或釐清的程度如何?

3
目標的合作建構與成員間的合作程度如何?

9
目標的具體性如何?因為具體目標表示下一步要進行的動作。

有效的團體目標需考慮的因素(Johnson & Johnson, 1994, p.78)

4
團體與個人目標可用相同任務或活動達成之程度如何?

8
可取得用來完成團體目標與任務的資源如何?

5
成員對於團體目標與任務的衝突程度如何?

6
目標的挑戰性與失敗的危險程度如何?

7
成員的協調程度如何?

操作性團體目標的優勢 (Johnson & Johnson, 1994, p.75)

1
協助團體成員間,或團體與團體之間的溝通。

4
協助團體評估團體過程與團體產出(結果)。

2
協助引導團體擬定計畫與執行任務。

3
團體進行中的衝突與歧異較可能以理性、分析過程來解決。

✱ 註:所謂的「操作式目標」,指的是有具體步驟來達成清楚、可認定的目的。

1-10 哪些人不適合參加團體？

一、成員篩選

　　儘管團體的優點很多，但不是每個人都適合參與團體，許多行政人員或教師不清楚團體的運作與內涵，往往擅自將一些不適當的成員納入團體，反而弊多於利（特別是那些還沒有準備好參與團體的人，更會破壞團體或被團體所傷害），甚至種下了團體失敗的因子，所以成員的篩選很重要。

　　篩選成員是希望讓團體進行有效且成功，因為團體不是領導者一個人的，而是屬於全體成員，所以會希望這個團體的成功率高一些，最好的方法就是篩選適合參與的成員，將可能會破壞團體的因素降到最低。然而，成員的篩選只是團體成功的因素之一，並不能保證篩選是完全有效的，有時候不免還是會有一些不適當的人選進入團體，屆時還是要靠團體成員與領導的努力讓團體更成功。

二、成員篩選注意事項

　　通常在篩選團體成員時，會注意以下幾個情況：

（一）個人有未竟事務

　　首先是個人議題尚未獲得適當處理者，很容易在團體的莫大張力下被引發，造成情緒的大崩盤。成員的未解決議題（像是婚姻、人際、毒品，或是過去的創傷）若不先做處理，就貿然加入團體，團體的張力可能導致其情緒上的失控或崩潰，萬一因此而不再參與團體，對其他成員來說都是一種失落與傷害。

　　倘若成員有自己的議題沒有整理，不妨先轉介他去做個別諮商一段時間之後，再來參與適當的團體，這樣他／她可以從團體獲得的就更多。團體裡面的成員也是一般人，會面臨到不同的生命議題，因此也會在團體中發表，要是觸碰到個人未解決的議題，可能就引發不可收拾的局面，不僅個人問題沒有得到解決，還可能占用了其他成員的時間。

（二）心理疾病嚴重患者

　　通常許多罹患嚴重心理疾病者，在病情沒有獲得適當治療或控制之前，也不建議參與團體，因為其本身的情況可能無法有效利用團體，同時也會妨礙其他成員的權利。像是有嚴重憂鬱症者，可能無法掌控自己的情緒，屆時在團體中攻擊他人，或是造成他人的傷害，也都會影響團體的運作，除非當事人已經在藥物治療中，對於其自身的情緒與行為可以做適當表達與控制。

（三）吸毒或有酒癮者

　　倘若是吸毒或是酗酒者想要參與團體，都必須要先戒掉毒品或酒精，然後才來參與團體，要不然其可能會在藥物或酒精的影響之下，行為失序或精神紊亂，等於是破壞團體之元兇。

（四）其他可能會破壞團體者

　　憂鬱症患者或是思覺失調（原「精神分裂症」）者，在沒有藥物治療的情況下，也不適合參與團體。此外，有些情緒容易失控或是人格疾患者，會因為自己不是注意中心而發怒或遷怒，較不能從團體經驗中學習。

團體中的幾種「問題成員」 （Yalom, 1995, p.369-399）

看似積極主動，卻叨叨不休，趁機插話或發問，主要是因為焦慮之故。

或許是成員習慣的學習方式，但是時日一久，容易引發其他成員的不滿，認為其對團體無貢獻，此類成員也較無法自團體經驗中獲益。

性格上難以與人相處，成員原本會想要積極協助，後來會轉為無奈、挫敗與氣憤。像是自戀、邊緣型人格或是以捍衛道德自居者。

壓抑、缺乏自發性、不願意冒險的人，會讓領導者與其他成員覺得厭煩。

不知其何時發病，若突然發病會對成員與團體有極大衝擊。

是壟斷發言者的另一種變形。自我中心，老是說他人的不是，不願意負起責任，當然也不願意改變。

壟斷發言者　沉默者　無聊者　拒絕援助的抱怨者　精神疾患者　個性困難者

團體中的幾種「問題成員」

✱ 註：Yalom 的主要工作場域是醫院，因此他所舉的雖是醫院病人情況，但有些與一般諮商團體相同。

大專院校「人際關係」團體成員的篩選剔除標準 （Cornish & Benton, 2001, cited in Kincade & Kalodner, 2004, p.373）

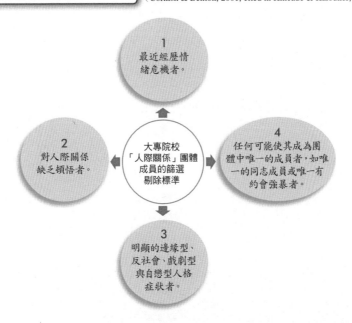

大專院校「人際關係」團體成員的篩選剔除標準

1　最近經歷情緒危機者。

2　對人際關係缺乏頓悟者。

3　明顯的邊緣型、反社會、戲劇型與自戀型人格症狀者。

4　任何可能使其成為團體中唯一的成員者，如唯一的同志成員或唯一有約會強暴者。

第 2 章
團體諮商專業倫理

2-1 團體倫理基本原則與領導者資格

一、團體倫理基本原則

團體領導者是諮商師，除了受專業倫理的約束外，在帶領團體時也要注意與團體相關的倫理議題。美國團體工作專家協會（Association for Specialists in Group Work, or ASGW）有倫理原則的相關規定。專業倫理與法律也有重疊處，兩者不同之處在於法律有其強制力，且有相關罰則，而專業倫理委員會基本上是以軟性、道德約束力在執行。但是光靠倫理原則，也無法保證諮商師可以帶領有效的團體，最主要還是靠諮商師本身持續檢視自己的道德承諾與理解（Gazda et al., 2001, p.83）。諮商師必須要持續參與繼續教育，甚至持續有督導可以諮詢、與監督討論自己的團體工作，此外也要反省個人生活，不要讓未竟事務或反移情阻礙了領導團體的效能。

團體專業倫理是植基於執業者的行為原則，藉由這些原則來建立執業標準以服務大眾。專業倫理行為的維護與提升，主要是靠諮商師的自我瞭解，諮商師不應為自己的利益而帶領團體（Berg, Landreth, & Fall, 2006, p.82）。諮商師的專業倫理依據的核心理念是（Gazda et al., 2001, pp.98-99）：

（一）不傷害：不傷害當事人。

（二）自主性：尊重當事人的自決與獨立能力。

（三）福祉：提升當事人之利益與福祉。

（四）正義：公平或公義，也尊重當事人的尊嚴。

（五）忠誠：不誤導或欺騙當事人，信守承諾。

（六）尊嚴：尊重每位當事人，不羞辱或讓當事人難堪。

（七）照顧與熱情：關心當事人，同時維持適當的人際界限。

（八）專業表現：展現能力與自信，以自己的工作為榮，也盡量表現稱職完美。

（九）可靠性：提供優質的服務、承擔責任。

二、團體領導者資格

最好的領導者是有足夠的自我知識，時常檢視反省與繼續進修，以及有領導團體的能力者。針對團體領導者應具備的資格，Gazda（1982, cited in Berg, et al., 2006, pp.81-82）提出了以下的條件：

（一）有清楚的團體規則引導他／她在團體中的領導模式。

（二）應有自信且情緒穩定度足夠。

（三）擁有敏銳覺察與溝通能力。

（四）有堅實基礎來解釋行為改變的原因。

（五）有證據證明其受過適當團體實務訓練。

（六）有證據證明其領導是有效的（如團體後評估）。

（七）擁有必要的證據證明其接受相關訓練（如青少年團體、現實治療訓練證書）。

（八）若無專業證書，也應在專業認可的督導下執業。

（九）參與繼續教育與進修。

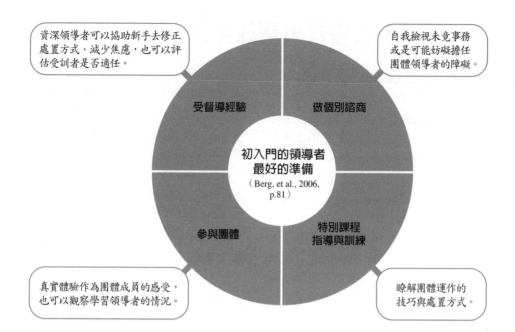

資深領導者可以協助新手去修正處置方式、減少焦慮,也可以評估受訓者是否適任。

自我檢視未竟事務或是可能妨礙擔任團體領導者的障礙。

受督導經驗

做個別諮商

初入門的領導者
最好的準備
(Berg, et al., 2006,
p.81)

參與團體

特別課程
指導與訓練

真實體驗作為團體成員的感受,也可以觀察學習領導者的情況。

瞭解團體運作的技巧與處置方式。

美國諮商師學會(ACA)認證(CACREP)
的團體領導者需瞭解的項目

瞭解團體動力原則	領導者風格與取向	團體諮商理論	團體諮商方式	其他類型
包括團體過程要素、發展階段理論、團體成員角色與行為發展。	包含不同領導者類型與風格。	包括共通點、不同特色與相關研究。	包括領導者理論取向與行為、倫理考量、適當篩選標準與評估。	其他類型的小團體取向、理論與方式。

2-2 領導者的專長與訓練背景

一、接受相關訓練與受督導

　　領導者在擔任團體領導者之前，必須接受相關的團體理論與實務訓練，同時在被督導的情況下開始實務的工作，ASGW 要求團體領導者至少受過四個領域的訓練，它們是任務（或工作）團體、教育心理或輔導團體、諮商團體，以及心理治療團體（Gazda et al., 2001, p.103）。最有效的領導者訓練需要：正式課程訓練、受督導的臨床工作、繼續教育、足夠的自我知識及自我省思（自我瞭解、態度、價值觀與生活方式）、瞭解人類發展、人際關係的運作等（Berg, et al., 2006, p.241）。

二、專業上的繼續成長

　　領導者需要持續在專業上做成長，而專業上的成長與自我成長是不可分的。

　　領導者參與相關的研討會或個案研討、做研究與閱讀新進專業期刊，或是自己找治療師做個別諮商或團體諮商，甚至固定有同儕討論或督導，必要時諮詢資深領導者等。諮商師若同時擔任督導時，也要注意督導者的責任，尤其是專業倫理的監督部分，因督導者要概括承受受督者的一切（有連帶責任）。

三、權力位階與使用

　　團體領導者在基本上擁有較高的位階與權力，要謹慎使用自己的影響力，不可藉此剝削成員（包括發展親密或其他關係），或強迫成員做他們不想做的事。領導者最好避免與成員有治療後或是雙重關係，因為多一層關係就可能涉及倫理考量，增加判斷的危機與複雜性。領導者適時且適當的自我揭露，可以提供成員很好的示範，也可讓成員覺得領導者不神祕、身段較平權，但是領導者要隨時注意自己的揭露是否適宜？是為了自己還是為了團體？

四、有堅固的理論基礎

　　領導者需要有堅實的理論基礎，才有能力引領團體的運作與方向，倘若不知道自己的核心理論為何，通常無法帶領團體成員往可欲的方向前進。領導者所有的思考與處置（介入）方式，也都與自己的理論背景有關係，都有正當理由，而不是為了填補時間，或是讓成員覺得有趣而已。

五、謹慎使用技術

　　使用在團體中的技術或活動，主要目的是催化成員的互動。團體領導者要謹慎使用技術，有些技術可能會引發強烈的情緒，領導者要知道該如何處理，要不然很容易嚇壞成員，甚至造成成員的流失。領導者在使用某些技術之前，需要瞭解自己為何要使用？有無能力使用？若採用新的技術，也要讓成員知道其功能與可能需要注意事項或風險。

小博士解說

　　訓練團體領導者時，基本上還是從「結構性」較強的團體開始，以訓練領導者的設計能力與因應能力，然後慢慢放鬆團體的結構，最後可以帶領無結構性的團體。此外，團體要成功，領導者所設計的活動與團體進程是否足夠吸引人，也很關鍵。

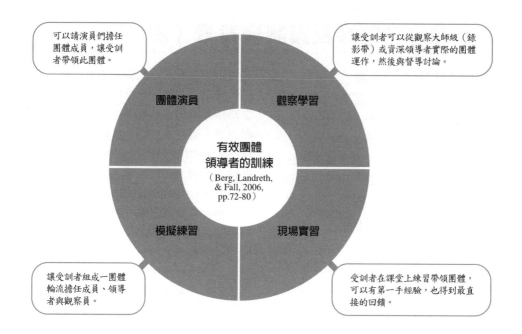

可以請演員們擔任團體成員，讓受訓者帶領此團體。

讓受訓者可以從觀察大師級（錄影帶）或資深領導者實際的團體運作，然後與督導討論。

團體演員

觀察學習

有效團體
領導者的訓練
（Berg, Landreth,
& Fall, 2006,
pp.72-80）

模擬練習

現場實習

讓受訓者組成一團體輪流擔任成員、領導者與觀察員。

受訓者在課堂上練習帶領團體，可以有第一手經驗，也得到最直接的回饋。

做倫理判斷決定的步驟 （Staton et al., 2007）

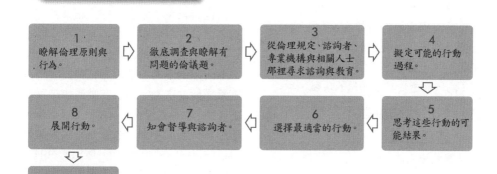

1. 瞭解倫理原則與行為。

2. 徹底調查與瞭解有問題的倫議題。

3. 從倫理規定、諮詢者、專業機構與相關人士那裡尋求諮詢與教育。

4. 擬定可能的行動過程。

5. 思考這些行動的可能結果。

6. 選擇最適當的行動。

7. 知會督導與諮詢者。

8. 展開行動。

9. 評估結果。

＊註：最理想的狀況是整個過程諮詢者與督導都知情，且給予支持。

2-3 領導者的專長與訓練背景（續）

六、注意身體的接觸

當領導者要採用一些活動，如畫圖、演戲或是有肢體的碰觸，都要考慮到參與成員是否有禁忌、願不願意配合？最好事先徵得同意。倘若服務對象是遭受過肢體暴力或性暴力者，其對於身體的接觸會特別敏感，也要留意。

七、具備多元文化知能

團體領導者需要具備多元文化的知能，才有可能尊重成員，有效帶領團體。每一個人的背景、性別、種族、經驗、社經地位或階級、能力或語言都不同，也都是一個文化，需要被接納與尊重。領導者先要瞭解自身文化，也要對成員的文化有所認識與瞭解。領導者願意學習的態度最重要，也要注意自身的價值觀是否影響自己對待不同文化的成員。

八、尊重與保護不同背景的成員

領導者要有多元文化的知能，在團體中尊重不同成員的背景與文化，也要防止與保護成員因為自己的背景或信念、生活方式、種族、性別、性傾向或能力等不同，而遭受其他成員的攻擊。

九、對於相關議題不熟悉者不宜擔任領導

團體領導者的能力不足，特別是對於服務族群與相關議題（如失能者、受性虐待者）不熟悉者，最好不要擔任團體領導者的工作，這不僅是違反專業倫理的行為，同時可能造成團體成員的傷害。

十、自我覺察的責任與努力

領導者需要持續且負責的自我覺察，若有協同領導者一起觀察與討論最好，如果是自己一個人做團體領導者，也需要時時覺察自己在團體中的行為、感受與思考，做反思日誌，甚至定期參加督導或同儕討論，都可以讓自己的專業與個人成長更精進。Corey（2008/2009, p.68）認為團體帶領者應該要先做適當的自我整理、個別諮商，參與團體諮商或個人成長團體，也參與訓練與督導團體。如同參與團體的成員一樣，因為團體張力大，在團體中所談論的議題是生活中常見的，當然也可能會觸及領導者的生命經驗，因此領導者也要先做自我整理、增加自我強度，然後才可以有效能地帶領團體。

十一、結束的處理

團體領導者要讓所有成員都體驗團體結束，成員有機會對彼此說再見、繼續過生活。團體就像生命際遇一樣，有開始，也有結束；做了很好的結束動作，也象徵著成員學習分離，並將在團體中所學運用到團體外的實際生活中。對於次數有限的團體，領導者也要提醒成員團體剩餘的次數，不要在團體快結束前才聲明，容易引起成員情緒反應或退縮，也影響團體的動力。最好是每次團體都可以做很好的開始與結束。團體結束前，要記得團體是否有未竟事務要處理？稍後有無追蹤評估的會面？團體的追蹤評估可以讓領導獲得回饋，得知團體的有效性與影響如何，也讓成員探討自己在團體中所學，處理團體結束後的失落等議題。

領導者文化能力的檢視 （Schneider Corey, et a. 2014, p.15）

1. 瞭解有關性別與性傾向的相關議題，可以在團體中做建設性探索。

2. 瞭解不同社會、環境與政治因素，對於問題評估與介入處理的影響。

3. 尊重成員在其文化裡擔任的家庭與社區傳承的角色。

4. 尊重成員的宗教與靈性信仰及價值觀。

5. 協助成員瞭解他們的有些問題可能源自他人的種族歧視或偏見，那麼他們就不會將環境中的偏見內化為歧視。

6. 讓成員瞭解團體過程中隱含的基本價值觀與期待，如自我揭露、反思自己的生活與冒險。

領導者的自我覺察項目（不限於此）：

☐ 1. 我相信團體的功能與力量嗎？

☐ 2. 我在團體中可以很自在嗎？

☐ 3. 我會不會急於想要討好團體成員？

☐ 4. 我是不是以成員喜愛我的程度，來評估自己領導團體的有效性？

☐ 5. 我對自己帶領的團體對象、主題，是否有深入瞭解？

☐ 6. 我是不是想要掌控全場，常常擔心自己對場面失控？

☐ 7. 我是不是對於成員的強烈情緒不敢處理？或是容易以忽略的方式處置？

☐ 8. 我是不是很容易陷入成員的情緒裡，很難客觀看事情？

☐ 9. 我對自己的許多私人事務，是不是都做了處理？

☐ 10. 我自己清不清楚對於哪些人可能較容易有移情現象產生？

☐ 11. 我是不是相信團體成員可以互相影響，當然我也可能被影響？

☐ 12. 在倫理規範底下，我願不願意在團體中做一些冒險？

2-4 領導者的責任與注意事項

領導者需要依據自己的核心理論與個人性格，整合出一個最有益於團體的領導風格，同時要不斷進修與反思，才可能在領導團體時表現出自信與自我悅納（Berg, et al., 2006, p.173）。領導者要很清楚自己對於不同事物的價值觀，同時也要隨時覺察自己的價值觀對團體的影響，除了不能強加自己的價值觀在成員身上，也要注意其他成員是否有類似的情況，還要注意與尊重多元文化可能有的不同價值觀與差異（像是養兒育女與孝順父母的想法）。成員間若有價值觀的衝突時，要提醒成員去傾聽與尊重不同的觀點，也做適時的介入處理。

一、知後同意

在團體尚未成立之前，可以有個說明會，讓潛在成員知道將有怎樣的團體、是否符合他們的目標，而這些資訊也可以協助他們決定是否參與團體。

基本上，若是成人團體，還是需要取得每位參與成員的「知後同意」書，說明團體性質、領導者資格、團體目標、可能的冒險與收穫，如何有效利用團體與需要遵守的倫理規範。白紙黑字的「知後同意」書上，載明了領導者與團體的責任與義務，讓所有參與團體的成員都有所依循。Schneider Corey 等人（2014）強調「知後同意」應該是持續進行的過程，也就是隨著團體階段或情況不同，必須做一些調整。

倘若參與團體的成員屬於未成年，或是法定無行為能力者，就需要法定監護人簽署「知後同意」書，若有特殊原因（如受虐兒），則可依法辦理。許多家長或學校教師對於諮商的功能還是很模糊，除了對諮商有汙名、誤解之外，還認為將自己的孩子送去團體，表示自己的孩子有病或有問題，因此也不願意簽署「知後同意」書，這時候就需要諮商師或是學校輔導教師努力去說服師長。

此外，學校教師（特別是級任教師）通常會將「不喜歡讓他／她待在教室裡」的孩子送到團體來，也不管團體的屬性或主題為何，如果在未取得「知後同意」就進行團體諮商，可能會有紛爭或是法律上的疑慮。

二、知會成員需要承擔的風險

成員越能積極參與團體，其收穫相對增加，因此領導者在團體過程中會努力催化成員參與團體，然而也需要在成員參與團體之前，讓其瞭解參與團體可能需要冒的風險，包括自我揭露的程度、保密的有限性、改變的代價與抗拒、擔心被批判或表現情緒等。

有些成員個性害羞、退縮，在團體中較為沉默，領導者不應該強迫其發言，而是可以運用不同的催化技巧（如繞圈子），讓成員願意對團體有貢獻，成員本身也會受到團體的壓力，畢竟當大家都熱切發言，自己卻保持緘默，就得承受其他成員無形中給予的壓力。

團體成員需要承擔的風險

成員在團體外做改變，可能會遭遇抗拒或是其他阻礙。

團體成員的自我揭露需要勇氣，做適當的冒險，成員要自行評估冒險與獲得之間的平衡。

成員會擔心萬一自己揭露太多，會不會讓自己顯得脆弱或是對自己不利？相反地，若是揭露太少，會不會距離團體更遠？也會讓其他成員受到影響，不敢分享太多？因此到底應該揭露多少，還是得看成員願意冒險或獲得的程度而定。

團體所談論的議題都是生活中會遭遇到的議題，儘管有些成員認為自己準備好了、應該可以在團體中談論這些議題，然而結果並不是如此！有些人被挑起未竟事務，使得傷痛更大，或是有人願意趁此機會好好做整理。

領導者本身也可能有這樣的議題，自己必須要做整理，不要讓自己的議題或價值觀影響了團體過程與效果。

團體領導者應該預防成員受到身體、心理或情緒上的傷害。有些成員可能容易或害怕成為團體中的「代罪羔羊」及被攻擊的目標，尤其是種族或文化背景不同者，領導者也要特別注意這一點，適時做阻擋或制止的動作。

團體初期時，許多成員都持觀望態度，也擔心自己說出不一樣的意見，會遭到攻擊或撻伐。領導者要鼓勵這樣的多元角度與行為，說明這正是團體成員可以互相學習的重點，也重申或提醒成員以尊重與接納的態度來聆聽不同的意見。

當成員很相信團體時，可能在團體的氛圍下做出倉促的重大決定，此時團體領導者就要適時提醒，以免成員做了錯誤的決定。

如成員參與女性成長團體，突然間可能想要離開自己不滿意的婚姻，這時領導就可以引導到團體中深入討論，甚至可以將成員分成兩組說出離異的優劣處，供其參考，但是避免做衝動的決定。

改變要付出
的代價

自我揭露

衝擊到個人
未處理的議題

**團體成員需要
承擔的風險**

成為團體的
「代罪羔羊」

在團體壓力下
倉促做決定

擔心面質
或批判

情緒的表露

成員會擔心被戳破或是面質，面質的原因可能是因為無建設性或被批判。領導者可以示範與提醒成員，不要以批判口吻，而是以描述行為的方式表達，像是：「剛才我在談到自己受傷的過程時，我發現你一直低頭，我不清楚這表示什麼？我很想知道。」

成員最先展現的「利他」行為，容易以建議或是安慰的方式出現，有時候當事人可能還沒有準備接受建議，或是這些建議已經使用過，反而會讓提議的人覺得自己的意見未被採納、感受不佳。

偶爾成員可能因為情緒激動而哭出來，許多成員可能會趕緊提供紙巾供其拭淚，這樣的動作是否會阻止當事人的情緒抒發或是安撫，也是見仁見智。

通常領導者看到這樣的情形，可以說：「沒關係，表示這個團體已經讓你／妳可以表現出自己的真實情緒，而不會覺得不自在，你／妳準備好了就可以隨時加入，我們都在這裡。」

有些成員也怕自己會情緒失控或崩潰，尤其是在團體的場合，許多議題都可能觸碰到自己的傷口或未竟事務，因此參加團體前的個別諮商或整理，有助於自己釐清一些迷思，也較能有效利用團體功能。

2-5 領導者的責任與注意事項（續一）

三、保密原則與限制

團體成員需要彼此信任，這樣的團體才可能成功，加上成員在團體中需要冒險、披露有關自己的私人事務，因此「保密」條款相當重要，當然也有例外，像是有人受傷或有被傷害的可能性。所以團體領導者要教導成員有關保密事宜，以及該注意的事項，且在團體進行中都要注意，並做必要的提醒。團體要進行保密工作不容易，因此也要提醒成員保密的困難度，但是不能因此忽略保密的重要性，需要每個成員做好保密工作。

有些成員會在團體外分享自己在團體中的感受、體驗與收穫，這無可厚非，只是他／她不能提及一些特殊事件，或發生在某人身上的事件，因為這就涉及洩密。領導者也要提醒成員，在許多情況下可能不經意就洩漏了團體的祕密，屆時該如何處理與因應。

此外，團體內若有其他「小團體」（彼此熟識，或是有親密關係）存在，的確有可能會破壞團體，因此要特別注意，有任何事情都拿到團體中來討論與決定是最好的。

若成員是未成年或是行為能力受限制，或是成員是經由不同管道（如教師或法院）轉介而來，團體領導者也會被要求將成員的表現「報告」給監護人或有關單位的負責人（如觀護人），這時候該呈現怎樣的內容呢？為了預防成員的私密被洩漏，領導者可以較為模糊地交代成員在團體中的分享內容，不需要鉅細靡遺，然而若有危機事件，最好的方式還是詳實記錄發生的一切與處置情況，這是諮商師負責的行為，也可以在有疑慮時（如官司訴訟）保護自己。

諮商師若是在督導之下做團體實習或訓練，也要徵得成員同意來進行團體，需要錄音或錄影、做個案研討時，也都需要成員的書面同意。在討論個案時，也要注意不洩漏成員的個人資訊。有關團體的紀錄，也必須要謹守保密規定，不讓不相干的人接觸到這些資訊。

成員基本上不會刻意洩密，多半是無意間所犯的錯誤，領導者可以舉例說明，讓成員更容易瞭解如何保密，倘若領導者懷疑有洩密情事發生，就應該在團體中立即討論與做解決，找出成員都同意的方法。也要提醒成員，世界很小，有時候不經意洩漏了團體成員的祕密，會影響成員對團體的信任以及團體成效。

此外，領導者若是在被督導的情況下帶領團體、諮詢督導有關團體議題、做研究或個案報告，也都應該事先徵求成員之同意並告知情況，也要注意成員的匿名性（不可洩漏相關可認出之個人資料）。

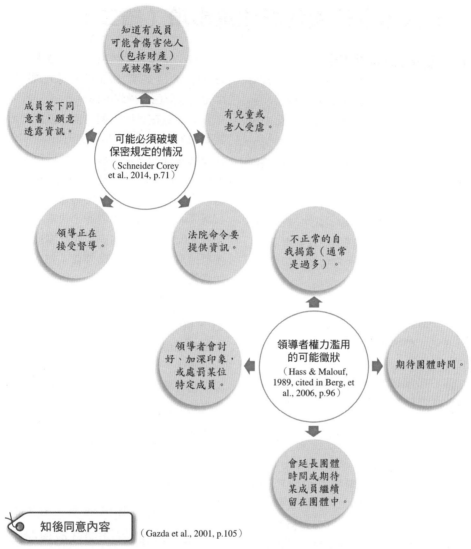

知道有成員可能會傷害他人（包括財產）或被傷害。

成員簽下同意書，願意透露資訊。

可能必須破壞保密規定的情況
（Schneider Corey et al., 2014, p.71）

有兒童或老人受虐。

領導正在接受督導。

法院命令要提供資訊。

不正常的自我揭露（通常是過多）。

領導者會討好、加深印象，或處罰某位特定成員。

領導者權力濫用的可能徵狀
（Hass & Malouf, 1989, cited in Berg, et al., 2006, p.96）

期待團體時間。

會延長團體時間或期待某成員繼續留在團體中。

知後同意內容 （Gazda et al., 2001, p.105）

1. 參與者姓名。
2. 參加團體是需要開放的心態，也分享自己關切的議題，努力達成個人目標。
3. 同意分享個人關切的議題，也要對他人關切的議題持開放與尊重態度，並協助其他成員達成其個人目標。
4. 參與團體可能會有正向與負向的結果。
5. 提醒成員參與團體是自願（非自願）性質，成員隨時都可以自行決定不參與。
6. 成員要彼此尊重，也學習接納不同意見。
7. 成員要遵守保密的協定，除非有人受到傷害，就必須破壞保密協定。
8. 成員可以遵循或拒絕他人的建議。

2-6 領導者的責任與注意事項（續二）

四、雙重或多重關係

領導者是要注意權力的平衡，因為領導者就專業立場來說，是較具權威的地位；再者，若諮商師也是教師（如大學裡的諮商師教育者），也較容易有角色上的衝突，畢竟教師有評分權，而諮商師則是與學生維持較平權的關係。

通常角色越單純，就比較沒有問題，只是現實情況有時不是如此，諮商師就必須要謹記倫理上的規範與注意事項。

在團體中可能會有的雙重關係包括：

（一）諮商師在學術機構，同時擔任教師與諮商師，倘若學生參與團體，又加了一層關係。

（二）領導者曾是某成員的個別諮商師。

（三）領導者發現成員裡有人與自己個諮的當事人有關係（如夫妻或手足）。

（四）諮商師與某成員彼此互相吸引。

（五）諮商師目前也擔任某一成員的治療師。

領導者不應與成員發展治療外的關係，若是被成員吸引，也應該在團體中做公開討論，因為團體成員對於團體內的關係是很敏感的，倘若領導者因此不適合繼續帶領團體，也要有退出之打算。

如果團體諮商要收費，也要注意盡量不要以服務或物品來做交換，因為這樣關係就會改變（領導者變成顧客或消費者），此外收受禮物也要有所規範。學生若因應課程要求而參加團體，其團體表現不應該被評分。領導者若在私人機構執業，也不應做推銷或招徠學生為團體成員。領導者當然也不應該讓與自己有關係的人（如家人或朋友）進入團體，以免造成角色混淆或不公平。

有些成員在參與團體之前，彼此已經認識，或是成員在團體中發現彼此吸引，也在團體外發展親密關係，這些很容易就形成所謂的「小團體」（subgroup），當然也會分享在團體中的經驗，容易違反保密原則。團體的內涵也決定了團體外關係的發展，有些成員會在團體結束後自己形成另一種自助團體（如愛滋互助團體、戒酒匿名團體），持續提供彼此的支持，是值得鼓勵的。

五、轉介的情況

團體領導者若遇到適合其他治療形式的當事人，也需要做轉介的動作。像是發現潛在成員可能有情緒上的嚴重困擾或是功能受損，就需要轉介給身心科醫師做進一步診斷與治療，在同時與醫師合作，監督成員的進步情況；有些成員也許需要先做自我整理後再參與團體，其效果更佳，也可以先轉介做個別諮商。

六、領導者不強迫成員，或將自己的價值觀強加在成員身上

領導者的自我檢視工作非常重要，唯有自己持續不斷做覺察與檢視工作，才會知道自己需要注意與努力之處，尤其是個人之價值觀（如恐同），若沒有第一次接觸的衝擊經驗（如遇見同志），往往很難覺察到，且容易被忽略或不處理，這樣帶到團體裡，就可能會造成無意間的傷害而不自知。

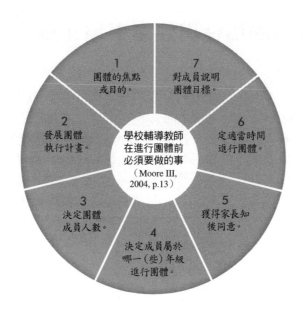

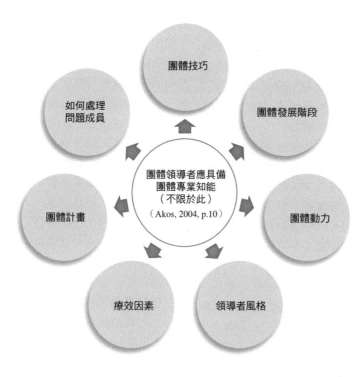

2-7 領導者的責任與注意事項（續三）

七、技巧之使用

領導者在團體中所使用的技巧應有理論依據，且為成員量身打造，主要目的在協助成員將在團體所學轉換到日常生活中。再則，當領導者使用新的技巧時，也要告知成員可能會承擔的風險與防治之道。

八、非自願成員

對於機構或是法院轉介過來的成員，雖然是強迫參與，還是需要讓他／她清楚團體的目標、性質與過程，成員有權利可以拒絕參與，但是後果也由其承擔，特別是有關團體保密與相關限制的部分，也要讓他瞭解。一般說來，主動參與團體的成員動機較高，也較願意在團體中做貢獻，迥然不同於非自願成員，因此當然會影響團體動力。領導者要特別注意，不要讓一些抱持著負面態度參加團體者拓展他們的影響力，甚至讓整個團體都受到影響。像是參與家暴加害者團體的成員，可能不認為自己需要承擔責任，因此會在團體中搞破壞，或是拉攏其他成員對抗領導者，領導者可以讓成員們瞭解團體可能對其有益的部分，讓他們可以轉變態度，甚至從非自願參與轉變為自願參與。

對於有些法定機構（如法院或監獄）轉介來的非自願成員，團體領導者需要定期對該單位負責人（保釋官或觀護人）做簡報，這些也要讓成員知道。雖然可能會讓成員卻步，不敢在團體中吐露真實情況或表現真實自我，但這也是領導者該預先知會的責任。學校裡對於轉介過來的當事人也要清楚告知，但是其問題嚴重性較低，而且學生在瞭解團體運作之後，多半會自團體中獲得許多學習。

九、成員退出團體的可能性

成員有權利退出或不繼續參與團體，領導者若能事先與成員們做相關討論（包括提早退出團體、準時參加團體、請假的情況等），甚至成為團體規範，也可以減少成員流失。最重要的是，領導者的事先準備與篩選工作。篩選適當的成員進入團體，首先要注意其參與動機是否強烈？其參與目標是否與團體目標相合？

在團體中很容易反映出成員不同的人際型態或處事模式，有些成員可能無法忍受較有情緒的場面，或老是心不在焉，這些成員也都可能會是提早退出團體的人，領導者若發現這樣的情況，就可以提早提出或處理，如果有兩位成員就是不對頭，彼此競爭或有爭執，最好還是請其中一位離開團體。

當成員決定離開團體，若有其他成員強留也不適當，最好讓他／她有機會向其他成員說明，也做道別動作，這對於要離開的成員與其他成員都有好處，至少不需要留下所謂的「未竟事務」，讓彼此的關係可以告一段落。

參加團體需要投入相當多的時間與心力，雖然不同取向的團體都有其效能，但是也可能帶給成員傷害（Forsyth, 1999），這個首要責任自然落在領導者身上。成員參與團體也有其必須承擔的風險，也就是可能有傷害產生。

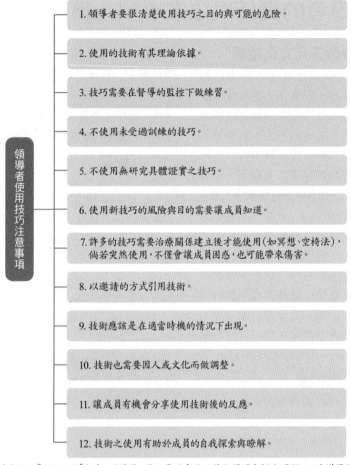

領導者使用技巧注意事項

1. 領導者要很清楚使用技巧之目的與可能的危險。

2. 使用的技術有其理論依據。

3. 技巧需要在督導的監控下做練習。

4. 不使用未受過訓練的技巧。

5. 不使用無研究具體證實之技巧。

6. 使用新技巧的風險與目的需要讓成員知道。

7. 許多的技巧需要治療關係建立後才能使用(如冥想、空椅法)，倘若突然使用，不僅會讓成員困惑，也可能帶來傷害。

8. 以邀請的方式引用技術。

9. 技術應該是在適當時機的情況下出現。

10. 技術也需要因人或文化而做調整。

11. 讓成員有機會分享使用技術後的反應。

12. 技術之使用有助於成員的自我探索與瞭解。

＊ 註：團體進行以「過程」及「內容」為首要，技巧是用來協助催化團體與解決問題，而非譁眾取寵。

空椅法圖

＊ 註：空椅法可運用在成員的自我或內在對話，也可以運用在成員對某一不在場的人，如家人，的對話，將過去或假想的情況，移到當下的現場中。

2-8 領導者的責任與注意事項（續四）

十、價值觀與多元文化議題

領導者需具備多元文化的知識與能力，不因成員的不同文化、語言或背景而有差別待遇，更不能有意無意地將自己的價值觀強加在成員身上，當然更不能逼迫成員做改變。價值觀的展現是相當細微的，有時候並不容易發現，領導者本身的自我反省與諮詢督導就很重要。

領導者本身的性別、種族、年紀或是其他變項（如穿著、婚姻狀態、能力、障礙與否等），也可能引發團體成員不同的假設，這些都可以在團體中觀察與釐清，當然最重要的是領導者對這方面的偏見或刻板印象，都要時時做檢視、反思或尋求諮詢，甚至在自己做好相關整理與準備之後，再來帶領團體更佳。

十一、評估與追蹤

領導者需要針對團體效能做評估與追蹤，不僅可以瞭解參與成員的實際感受，也可以讓領導者增進未來繼續帶領諮商團體的效能。評估方式可以是形成性的（在團體進行中執行），也要有總結性的（在團體結束後進行），方式不一而足。

十二、若發現同僚違反專業倫理時

領導者若發現同僚或同業有違反專業倫理的行為時，首先要蒐集相關證據資料與調查，接著與其面質，目的是要保護當事人，也協助其糾正行為，若對方不聽、繼續犯錯，則可以寫信（隨同所蒐集之證據）給倫理委員會進行調查。

十三、謹守倫理界限並維護專業聲望

諮商師的專業倫理只規定了原理原則、最低必須要遵守的行為，沒有道德或專業行為的上限。諮商師帶領團體時，當然也受倫理原則規範。許多的諮商師訓練課程，絕大部分是以講授、閱讀方式進行，頂多只是以發生事例或假設的情境來做討論，諮商師在實際接觸實務之後，才會發現許多的判斷需要足夠的資訊與智慧。

當然專業倫理規則不是食譜，無法預測諮商師會面臨的倫理困境或待處理情況，因此在實務現場，若是遭遇需要做倫理判斷的情況，最重要的還是瞭解背景資料、查閱相關倫理原則、諮詢資深督導或諮商師（或律師），最好平日就熟悉倫理規範，常常參與相關講座、研討會或個案研究，豐富自己的經驗與做決定的能力。此外，很重要的是：要將經過及處置方式做詳實記錄，以備不時之需。

小博士解說

團體領導者也需要瞭解一些相關法令，主要與所服務的族群或對象有關，像是兒少保護法、少年事件處理法、家事法與家暴法、性別平等教育法等，有時候還要瞭解有關毒品與相關法令。

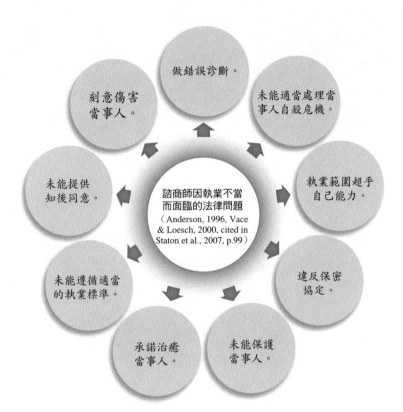

做錯誤診斷。

未能適當處理當事人自殺危機。

刻意傷害當事人。

執業範圍超乎自己能力。

未能提供知後同意。

諮商師因執業不當而面臨的法律問題
（Anderson, 1996, Vace & Loesch, 2000, cited in Staton et al., 2007, p.99）

違反保密協定。

未能遵循適當的執業標準。

承諾治癒當事人。

未能保護當事人。

✚ 知識補充站

專業倫理有最低與最高標準。最低標準是約束諮商專業成員需要達到的最基本行為，也就是專業倫理裡面所規範的，然而最高標準卻是諮商師本身的道德操守與修為，不是倫理規則能夠規定，還是得靠諮商師本身的努力，來維護專業效率與形象。

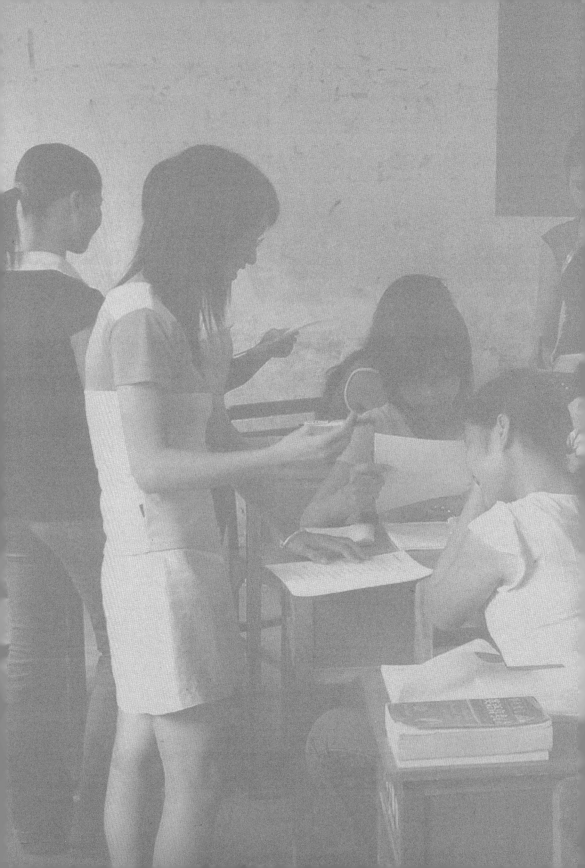

第 3 章
團體領導

3-1 有效能領導者的養成及條件

一、有效能領導者的養成

團體領導者是團體諮商過程的重要角色，擔任團體催化員本身就是治療的媒介（Berg, et al., 2006, p.102）。培養團體領導者是需要時間與經驗的歷練，加上領導者本身的主動進修與覺察，就可以慢慢熟成為勝任的領導者。

許多學生在初學時急著要讓自己「馬上」成為一個合格的領導者，有時候反而適得其反。在諮商師養成的課程裡，我們會強調實習學生「成為一個更好的諮商師」，因此對於團體領導者的期待也是「看見自己的進步」，而不是以一個「完美的領導者」為目標，因為不可能有「完美的領導者」。

二、領導者的條件

不同形式團體的領導者所需要的訓練背景不同，美國團體工作專業學會規定了不同領導者需要接受的訓練，我國目前還沒有這些規定，主要的基本訓練就是「團體過程」與「團體技巧」，這兩者其實是不可切割的。儘管團體諮商的訓練需要著重的領域不同，然而領導者在個別諮商裡的理論與技巧訓練還是基本功。

領導者也可能喜愛某個理論取向或在不同取向的機構受訓，這是進一步的訓練。一個團體屬於領導者取向或是成員取向，有時候要看團體目的而定（Jacobs et al., 2009），此外也受到領導者個人風格的影響；然而一個團體的進行，也可以從領導者中心慢慢轉化為成員中心，這涉及了領導者權力的下放或轉移。

團體領導者最大的恐懼在於缺乏對團體的信任以及自我懷疑。焦慮會導致領導者太努力讓事情發生，或是承擔過多的責任，領導者需要知道自己的需求為何，當領導者在團體中可以更自在做自己的時候，才能協助成員也自在做自己，其團體效能才會更高！領導者會擔心自己無法掌握團體過程或秩序等，這也是人情之常（Berg, et al., 2006, p.236）。還要注意的是：每個人都有自己的文化傳承與價值觀，領導者若是凡事批判、無法接納多元的意見或觀點，就是阻礙團體最大的力量（Berg, et al., 2006）。

小博士解說 團體領導者基本訓練

1. 經由教育課程而累積的理論與實務知識。
2. 在實際帶領團體前，有機會觀摩實際的團體運作（或錄影帶），學習與運用特殊的團體技巧。
3. 參與個人成長團體，提升個人發展，也提供受訓者有機會從參與成員的角度觀察團體發展。
4. 在嚴謹的督導下，練習帶領或協同帶領團體。

（Stockton & Toth, 1996, cited in Stockton, Morran & Kreieger, 2004, p.71）

團體領導者的核心訓練課程

觀察成員行為與團體過程、同理回應、面質、自我揭露、聚焦、保護、招徠與篩選成員、開放或封閉團體、示範、給予與接受回饋等。

團體過程組成因素、發展階段理論、團體成員角色與行為。

技巧

團體動力基本原則

如任務團體、預防、支持與治療團體。

其他團體工作的取向

課程描述

團體領導風格與取向

不同型式團體的領導特色與風格。

團體工作方式

團體諮商理論

團體領導理論取向與行為、倫理標準、適當的篩選標準與方式、有效評估方式。

理論的共通性與區別性，相關研究與文獻。

培養有效能的團體領導之步驟

1
經由教育課程而累積的理論與實務知識。

2
擔任觀察員，可以更清楚從第三者的角度看到團體運作的情況、領導者帶領的風格與可能遭遇問題。擔任觀察員時，有機會與領導者交換意見，也可以汲取相關的知識。

3
擔任協同領導者。雖然協同領導者的責任與領導者相當，但是可以經由與資深領導者的合作經驗，學習到如何敏銳覺察團體動力及因應之道。

6
固定參與同儕的成長團體，不僅可以有專業上的進步，彼此之間有支持，比較不孤單，還可以讓自我有不同的成長。

5
成立同儕團體督導，彼此討論與協助，可以讓自己的團體效能增強許多，必要時做定期督導也是很關鍵的。

4
擔任團體領導者。可以從獨立設計團體目標與計畫、招徠成員、進行團體工作等，從頭到尾實際操作一遍，更可以瞭解帶領團體的焦慮與所需知能，也全然體驗團體的過程。

3-2 有效能的團體領導

Schneider Corey 等人（2014, pp.28-36）認為：有效能的領導者應該是有高度自我覺察，也在團體過程中持續做自我反省的人，此外還必須要有犯錯與冒險的勇氣、示範誠實與適當自我揭露的意願、全神貫注、誠懇與關心、相信團體過程、願意開放與接納、無防衛地因應批判、覺察細微的文化議題、能夠同理成員的痛苦、有自我的力量與動力、承諾做自我照顧、自我覺察與幽默、願意試驗與創新等特質。

有效能的團體領導者，除了有開放、關心的態度之外，還要溫暖、有彈性、客觀、可信任、誠實、有力量、有耐心與敏銳度，此外還需要在自我獨處及與他人相處時感覺自在、喜歡人、在權威立場感到自在、相信自己的領導能力、能夠同理他人的感受與反應、心理健康、願意檢視個人議題與做適當處理、願意做自我成長（Jacobs et al., 2009, p.25）。

Jacobs 等人（2009）還提出另外的六個條件：

一、與不同的人有接觸經驗。

二、有團體經驗。

三、有計畫與組織能力。

四、對於要談論的議題有一定程度的瞭解。

五、瞭解人類基本的衝突與困境。

六、對諮商理論有相當瞭解。

Dies（1983）強調有效能的領導者在個人層面（關係變項、個人特質與治療關係的喜好度、治療師的自我揭露）與技巧層面（領導者的建構、認知輸入、治療師的增強與示範）的能力（cited in Coleman, Kivlighan, Jr., & Roehlke, 2009, p.301）。

最理想的領導者是在不同取向的督導下學習，對於自己的風格很自在，也揉合自己的性格在裡面，而且有堅強的理論基礎做後盾，而領導風格的形成也需要經驗與實習（Berg, et al., 2006, p.53）。Kottler（cited in Berg, et al., p.54）認為領導者的特質應該包括：自信、願意冒險、幽默、彈性、有創意、內在自律、流動（沉浸在當下）、無負面情緒、誠實、有活力與熱誠。

小博士解說

領導者本身要相信團體的力量與效能，接受相關的基礎訓練，且在受督導的情況下帶領團體，也要對團體相關運作與知能持續增能，才是成員可以信賴的領導者。

有效能團體領導者的條件		
勇氣	⇨	願意冒險、承認錯誤與不完美。
願意示範行為與態度	⇨	展現出態度與典範,創造團體的開放度、認真、尊重與接納他人。
在(presence)	⇨	對於團體當下的專注與涉入。
善意、真誠與關心	⇨	展現出裡外一致、協助的熱誠。
相信團體歷程	⇨	相信團體工作的功效。
開放	⇨	寬容與接納不同成員與其背景。
以不防衛態度因應批評	⇨	不將成員的反應「個人化」。
覺察文化上的隱微議題	⇨	文化敏銳度夠,能夠覺察並做適當反應與同理。
能夠同理與認同當事人的痛	⇨	同理能力佳、感受到成員的感受卻不被情緒淹沒。
相信個人力量	⇨	知道自己是誰、要的是什麼,包括自己的限制。
有活力	⇨	展現在成員面前的就是一個準備好的狀態。
自我照顧	⇨	有做好自我照顧的具體行動。
自我覺察	⇨	對生命經驗開放。
幽默感	⇨	自發性的幽默感、欣賞生命。
有創意的	⇨	對不同團體會有新鮮感與建設性的創意,也願意做實驗。
個人的努力與承諾	⇨	保持好奇心,也在專業上努力。

(Schneider Corey et al., 2014, pp.28-36)

3-3 領導者的主要工作

一、團體計畫

團體領導者需要先設計團體計畫,有些還要編列費用、經過審核委員通過之後才可以執行。設計的團體計畫,基本上要包括下列幾項(Smead, 1995, cited in Gazda et al., 2001, p.103):

(一)團體的描述與成立團體的理由。

(二)預期目標或結果。

(三)帶領團體的邏輯與過程。

(四)評估團體效率的過程。

在計畫完成或通過之後,領導者就要進行團體的宣傳,獲得參與者或監護人的知後同意,進行團體前作業,篩選適當成員進來,評估潛在成員參與團體的準備度,最後要在團體完成後做團體評估。

自願成員會投入團體較多,承諾與收穫也相對較多,反之非自願成員則抗拒較多,可以提醒他們能選擇性參與討論(Gazda et al., 2001, p.104)。

二、篩選團體成員

領導者篩選成員的目的,是要團體更有效地達成目標。因此在篩選成員時需要:(一)描述要進行的團體;(二)確認成員適合此團體;(三)釐清團體目標;(四)釐清成員的期待;(五)說明成員要如何參與團體、該做些什麼;(六)討論可能遭遇的風險。

在篩選成員時,可以更瞭解成員,開始與成員建立關係,也讓領導者可以開始協助成員準備積極參與團體工作(Gazda et al., 2001, p.104)。有些團體無法做篩選的前置工作,領導者也要有心理準備,必要時建議成員去參與較適合其需求的團體或個別諮商。

篩選團體成員可以採用:個別訪談、團體訪談、團隊(領導者與相關職員)訪談,以及運用問卷等方式(Berg, et a., 2006, p.86)。

小博士解說

一般的成人團體人數通常是 8 至 12 人,團體時間每次大約是 2 至 3 小時。成員年齡越小,人數就要減少,時間也不宜過長,倘若成員有特殊問題(如知覺失調或情緒障礙),人數通常就拿捏在 4 至 6 人之間。

美國團體工作專業學會規定不同領導者需要接受的訓練

任務團體	心理教育團體	諮商團體	心理治療團體	短期團體
組織發展、諮詢與管理、任務或工作領域的專業訓練,且至少30小時在被督導的情況下,帶領或協同帶領一個任務團體。	社區心理學、健康促進、行銷、諮詢、團體訓練方法與課程設計、具備所欲從事工作領域的內容知識(如物質濫用、壓力管理、親職訓練等)。	團體帶領課程、人類發展、問題辨識、生活與人際問題介入等,至少45小時在被督導情況下,帶領或協同帶領一個諮商團體。	變態心理學、心理病理學、診斷評估,具有與較困擾族群工作之能力,至少45小時在被督導情況下,帶領或協同帶領一個心理治療團體。	團體歷程、短期治療訓練與特殊技巧。

團體領導者需的基本理論基礎

- 團體諮商理論
- 諮商理論與技術
- 個別諮商
- 助人歷程
- 團體動力
- 團體諮商過程與實務

+ 知識補充站

　　一般在大學或研究所內所教授的團體理論,基本上是假設參與對象為一般健康成人。若領導者要帶領某特殊族群(如青少年、身障者,或有情緒困擾者),或有關特殊議題(如性虐待、家暴、藥物上癮),則需要進修相關的專業知識與技能。

3-4 領導者的主要工作（續）

三、團體領導者的角色

（一）催化員：這是團體領導者最重要的角色與功能，也就是讓團體可以順利進行，讓成員可以參與並願意冒險，引導成員做充分且深入的分享。越少掌控的領導者，其團體的凝聚力越高，因此領導者的工作負擔與責任，隨著團體的進展而慢慢轉移及分攤到成員身上是較好的，當然若成員組成不同（如藥癮、精神疾患），領導者的主導性也不同。

（二）角色示範：團體領導者可以示範一些行為，讓成員可以仿效，像是自我揭露或回饋，或是解決問題與適當因應衝突的方式，成員可以經由觀察模仿，也學習到技能。

（三）衝突協調與解決：團體發展進入中後期，成員之間若信任度足夠，也會提出較不同的意見，甚至公開衝突。領導者要將這些隱藏或是浮出檯面的衝突，拿到團體中做討論與解決，同時也讓成員看見衝突是人際關係的一部分，然而可以經由適當的溝通方式與處理，有更好的學習。若成員間有人被傷害，或互相攻擊的情況發生，領導者也要做適當瞭解與處置，甚至讓其中一人退出團體，以防更嚴重之傷害。

（四）協助成員如何與善加運用團體：團體成員不一定有參加團體的經驗，或是不瞭解在團體中應該如何表現，領導者也都可以藉由說明、舉例與示範，讓成員可以更有效地利用團體與團體經驗，達成個人與團體目標。

四、團體評估工作

領導者設計並實際帶領團體後，當然想要知道帶領團體的效果如何？成員的反應如何？下一次若帶領相關團體，可以做哪些改進？許多團體的評估工作是機構或學校本身的要求或規定，然而領導者本身也有義務與責任做團體效能評估，這不單是為了瞭解與增進自己的領導效能，也是提供服務之後必要的動作。

領導者在擬定團體計畫時，就需要將未來團體的評估方式列入，評估方式有形成性、總結性與追蹤三種。

（一）形成性評量：在每次團體進行時就可以觀察，或是在每次團體結束後進行。如回饋單或是以討論方式進行，領導者通常也會記錄每次的團體過程與內容，這也是一個好方法。

（二）總結性評量：在整個團體結束後進行，有一些標準化量表可以使用。

（三）追蹤評估：在團體結束後一段時間（通常是 1 至 3 個月），以郵寄問卷、團體成員聚會討論或寫評量表，以及訪談等方式進行。

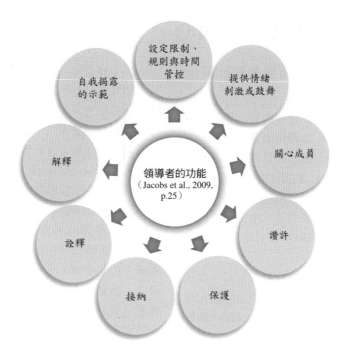

設定限制、規則與時間管控

提供情緒刺激或鼓舞

自我揭露的示範

關心成員

解釋

領導者的功能
（Jacobs et al., 2009,
p.25）

詮釋

讚許

接納

保護

在團體裡是被動角色，主要是團體成員負責團體之運作，領導者類似技術顧問的角色，提供過程解釋或必要之協助，此類領導者在支持團體或一般團體進行的稍後階段時較有效。

1. 強調領導者的權力與威權，強調指導意味，以完成任務為導向，對任務或教育心理團體較有效。
2. 成員較依賴領導者，彼此較無連結，也會公開批評或做攻擊。

自由式領導
（laissez-faire）

威權式領導
（authoritarian）

團體領導類型
（Berg, et al., 2006,
pp.52-53）

民主式領導
（democratic）

1. 平等取向，強調團體氛圍、凝聚力與團體過程，擔任資源提供的角色。
2. 對治療、諮商與教育心理團體較有效。
3. 友善與合作為其特色，成員較喜愛此類領導者，但也要注意領導者畢竟與成員不同。

3-5 新手領導者的擔心

一、資深與新手領導者的比較研究

　　新手領導者需要經由刻意的進修與持續的經驗累積,才慢慢發展為資深、有效能的領導者。有研究發現:新手團體領導者與專家的「知識建構」較為複雜,有層次、有次序組織及統整,然而在團體過程中也有較多的遺漏情況,像是較無法彈性使用此時此刻的技巧、聚焦在情緒或團體過程上。

　　相對地,資深領導會做適當的自我揭露、詢問成員感受、催化成員聚焦在當下團體發生的情況,也提供適當的觀察與解釋。

　　新手領導者對於團體發展階段較不注意,在有壓力時會採取支持與間接介入技巧,且常以領導者的角度來組織團體情境(Li, Kivlighan & Gold, 2015),也就是新手諮商師較多「表現焦慮」與「脆弱的專業自我」,因而導致其聚焦在自己身上,試圖維持專注力(Teyber, 2006; Skovholt & Ronnestad, 2003)。

　　新手領導者的建構知識(就是個體將某一特殊領域的觀念、想法與規則,組織與連結起來)較線性、簡單,其介入方式也較少循環模式,雖然隨著訓練時間增加,這些情況會進步許多,唯獨在觀念地圖(concept maps)上的階級層次還是遠不及資深領導者(Kivlighan Jr. & Kivlighan III, 2009)。

　　新手團體領導者會有一些焦慮與擔心,而隨著時間與經驗的累積,慢慢就會減少這些焦慮,加上自己若事先準備得宜,也會減少這些焦慮。新手團體領導者只要記住:自己有進步就好,不需要強求完美,因為沒有完美的團體領導者,我們每天都在努力讓自己更好!

　　Coleman 等人(2009)的研究發現:新手領導者在技術層面上會聚焦於團體內容與功能,在個人層面上則是聚焦在過程及與人互動的部分,而在同儕督導時較聚焦於領導者有做與沒做的部分,較少提及領導者在催化團體的個人特質部分。

小博士解說

「同儕督導」(peer supervision)是指同是諮商師、社工師,或不同助人專業者,齊聚在一起討論個案、團體或相關助人事項及議題,可增進自己之專業及成長。

團體領導者的擔心或焦慮 （Schneider Corey et al., 2014, p.27）

1. 該如何開始團體？

2. 應該使用哪些技巧？

3. 我該等候成員自己開始活動嗎？

4. 一旦某些事情開始了，我會知道如何去追蹤嗎？

5. 如果我比較喜歡團體中的某些人該怎麼辦？

6. 萬一我犯錯了呢？我可能會傷害到團體中的成員嗎？

7. 我的理論核心為何？該如何實踐？

8. 如果有較長的沉默，我該怎麼辦？

9. 若團體中有人說太多、占用太多時間，我該打斷他／她嗎？

10. 我在自己領導的團體中該參與多少？

11. 對於那些文化背景跟我不一樣的人，我有相關的知能跟他們一起有效地工作嗎？

12. 萬一有成員不喜歡我，甚至挑戰我呢？

13. 我要怎麼知道這個團體在協助人們做改變？

14. 我該如何同時與一些人工作？

16. 做為團體領導者，我該隱藏自己的焦慮或悲傷情緒嗎？

17. 如果我在情緒上涉入太深，甚至跟成員一起哭了，該怎麼辦？

✚ 知識補充站

團體領導者的「反移情」涉及個人未解決的議題，包括對權威的反應、衝突與氣憤、自戀的需求、文化價值、需要過度掌控、家庭議題，與分離一個體化需求等。

3-6 新手領導者的擔心（續）

二、新手領導者的擔心與因應之道

新手領導者的焦慮不外乎：在何時該使用什麼技巧介入？該問什麼問題？成員的反應太沉默，或說太多該如何？萬一有人情緒失控該怎麼處理？團體的進行情況是否也表示了自己能否勝任的能力？設計的主題或活動可否引起成員的興趣？等等。新手領導者會擔心自己的表現，也煩惱成員是否滿意其表現，尤其在剛擔任領導工作時，最害怕團體出現沉默或空白的時間。

新手領導者容易說太多、擔心團體出現沉默，或認為沉默與其是否勝任領導工作有關，然而若領導者太安於沉默，沒有去思考沉默背後的可能意義，或是會等待「誰來破冰」，可能就較危險（Berg, et al., 2005, p.237）。

有些領導者會對於沉默很焦慮，或急著填補那段沉默，或者是積極地邀請成員說話，有些領導者會習慣性地為成員做摘要，若這樣的動作太多，有時候也會耽誤團體的時間。

領導者也會擔心「公平性」的問題，倘若少數成員分享太多，占據了其他人的時間，或者是有些人不太願意分享，可能也會影響其他成員的分享程度或深度。其實只要願意相信團體的力量與效果，領導者又是在充分準備的情況下，專心聚焦在團體當下，就會減少焦慮的干擾。因為團體的焦點在於當下的互動，因此領導者的「在」（身心都聚焦在此時此刻）是非常重要的，領導者要聚精會神地專注在每位成員身上，注意每個人的語言與非語言訊息，還有團體的動力方向。

適度的焦慮有助於領導者做更充分的準備，提升自己的工作效率，當然也不要讓過多的焦慮妨礙了自己的工作，因此持續做自我覺察工作、固定有督導協助或同儕討論是最棒的。

領導者也可以參與不同性質的團體，讓自己對於團體動力與運作更得心應手，倘若有合作的夥伴，彼此可以常常聚在一起討論、琢磨，同時培養更佳默契。

新手諮商師面臨的狀況 （許育光，2012）

狀況

1. 在團體實務領導過程中覺察到個人相關議題與面對方式，如行為情緒、人際模式、價值觀與家庭經驗。
2. 與協同領導者之間所促發的個人議題與磨合，如覺察差異與發展默契。
3. 對團體專業之省思，如對實務歷程學習之肯定、重新認識與強化團體動力及歷程、對團體領導角色的省思。
4. 對自我專業層面的省思，如自信的增長、對助人專業態度之改變、探索自己的理論取向等。

解決

新手領導者需要先針對自我議題做整理，然後再進入團體現場擔任領導工作，是減少焦慮與壓力的不二法門。

1
嚴守設計好的團體流程，無法因應團體進行情況與成員特色做彈性調整。

2
堅持要跑完所設計的流程，只顧及自己的流程，而沒有將重點放在團體的目標。

新手團體領導最容易犯的錯誤

5
時間掌控不佳，不是因為焦慮而跑太快，就是慌了手腳、進行太慢。

3
設計的活動與團體該次目標沒有連結或相關。

4
做團體設計時，沒有預留多餘的時間做緩衝（如團體開始較遲，或成員有特殊情況發生），也沒有預先設計備用計畫，以備不時之需。

3-7 協同領導

一、協同領導的意義與責任

許多人誤解「協同領導者」（co-leader），甚至有人翻譯成「副領導者」，以為是「領導者」的「副手」。其實協同領導者的責任與領導者相當，各占五成，彼此是相輔相成的，也不是「輪流領導」（lead by turns）。也因為是相輔相成，所以彼此之間的溝通與磨合非常重要，也是團體成功最關鍵的因素。

Riva 等人（2004）發現，協同領導者並不一定優於單獨的領導者，因為太少研究文獻證明，而許多作者也都是憑藉個人經驗而做結論，缺乏紮實的科學證據；再則，許多協同領導者沒有機會一起討論團體過程，除非兩位領導者在團體工作上的觀點差不多，也有意願討論協同治療的關係，否則其效果仍待評估。

協同領導可以是領導者訓練的一環，藉由與資深領導者的合作，從團體計畫開始，到每次團體進行前、過程中與完成後，都要緊密演練與合作，即便兩位領導者在性格上或作風上相差甚多，仍然可以成為很成功的合作夥伴。

二、協同領導注意事項

基本上，協同領導者與領導者的責任是各半的，「協同」不應該是「副手」的意思，但許多團體領導者都誤解其意，特別是新手領導者，幾乎都以領導者馬首是瞻，而許多協同領導者對團體計畫或是過程也不投入，彷彿是一個成員，這都是需要修正的迷思。

兩位領導者的合作與默契是最重要的，而協同領導者在親密關係或是家暴相關團體中，都可以發揮正向的示範力量，讓成員可以學習到真正健康的關係互動模式。

協同領導最忌諱彼此競爭，甚至還要搶鋒頭，有些還會將彼此的宿怨展現在檯面上，這些都是極差的示範，也注定了團體的失敗。團體不是領導者的團體，而是全體成員的團體。

協同領導者之間要有充分的溝通與默契，因此相聚討論的時間要足夠，而慎選協同領導者、投身於討論是相當關鍵的。協同領導者若是有衝突，會讓領導者與成員都有焦慮，然而若能做適當處理，也是成員最好的示範與學習。

在團體進行中，領導者與協同領導者可坐在相對的位置上，因為我們基本上比較會忽略身邊左右兩旁的成員，倘若協同領導者坐在對面，就可以協助領導者注意到其兩旁的成員，甚至注意到領導者所忽略的訊息或成員，而做即時的補充或修正。

三、運用協同領導的時機

（一）新手領導者與資深領導者搭配，協助訓練新手領導者。

（二）兩位新手領導者彼此搭配，學習帶領團體。

（三）團體成員人數過多時，加入協同領導者，可以分攤責任與對成員的注意。

協同領導的優勢與劣勢 （Schneider Corey et al.,2014, pp.43-47; Berg, et al., 2006, pp.120-125）

優勢

1. 團體成員可以從不同領導者那裡聽到不同的觀點。
2. 兩位領導者在團體進行前後要做協商、彼此互相學習。
3. 督導可以在協同領導者的訓練過程中，與他們緊密合作，也提供回饋。
4. 領導者分攤責任，可以避免耗竭（burnout）。
5. 當一名成員有激動情緒時，協同領導者可以掃描與注意其他成員的反應。
6. 協同領導者的「同儕督導」是相當有幫助的。
7. 當其中一名領導者受到成員影響、產生移情時，另一位可以協助討論與解決這樣的移情反應。
8. 協同領導是基於文化、種族、信仰／靈性，或性別認同相關的權力與特權的差異，萬一一位領導者受到某位成員的影響，另一位可以協助團體過程的進行。
9. 可以持續治療（若一位領導者缺席）。
10. 示範健康關係（尤其是伴侶治療時）。

劣勢

1. 若兩位領導者彼此很少見面討論，可能默契與溝通不足，在帶領團體時會產生諸多問題。
2. 領導者之間的競爭（包括成員的喜惡）或敵意會毀掉團體。
3. 領導者間若缺乏信任與尊重，或是不認同對方的能力，可能就會堅持己見，不以團體目標為考量。
4. 若其中一位領導者靠邊站、袒護某位成員，可能與另一位領導者形成對抗關係。
5. 協同領導者若涉入與成員的親密關係，可能會利用團體時間處理他們自身的議題，而忽略了其他成員的權益。
6. 不速配的壞處（如個性或理論取向）。
7. 金錢分配問題（收費的團體）。

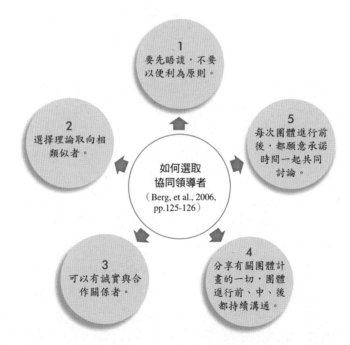

第 4 章
團體領導者的工作

4-1 團體領導者在團體前的準備工作

一、擬定團體計畫

在團體進行之前，領導者會擬定團體介入的期待、團體規則等，也需要在團體開始之前，將一些必要的程序與資料準備好，有些團體計畫還需要理論的基礎來做背書，此外還要包括團體名稱、目標、進行地點與時間次數。一般說來，團體目的與名稱是一致的，但是有時候為了吸引潛在參與成員，在團體名稱上可以加一些創意，像是談親密關係的可以說是「更好的另一半」之類的；另外，有些團體的名稱需要顧慮到參與者或其監護人的感受，像是國小學生的「霸凌受害者」團體，最好不要這麼直接，而是改成像是「我會更快樂」的團體。

團體進行的次數與時間要先做周詳計畫，首先是考慮領導者本身的時間，最好是在自己的體力與心力都充足的情況下領導團體，不要在忙碌或身心俱疲的時候來帶領團體，因為帶領團體與做個別諮商耗損的體力與心力差別甚大，領導者的狀況要更好。

此外，也要考慮參與對象參與團體的時間，像是許多成人團體，潛在參與者可能認為週末假日時間較佳，但是也要顧慮其與家人或孩子相處的時間，若是將團體時間訂在平常日的下班之後，也要顧慮參與者從不同工作場域趕過來的時間、交通問題及體力問題，有時候也要注意成員是否用過餐？為了讓成員準備好參加團體，團體剛開始可以用冥思或帶領成員觀想的方式，讓成員可以在身心較為放鬆的情況下開始該次的團體。

二、擬定可能的討論主題與相關活動

就團體目標設計可以討論的主題，也是領導者的工作項目之一。領導者先以腦力激盪方式將可能討論的主題列出，然後將可以利用的團體次數與時間列入考量之後，排列討論的優先次序。

接著，可以針對每次的團體做設計，最好設計甲、乙兩案，乙案備用。甲案通常是想要執行的主要方案，但是有時候可能因為對象或是進行的變數，造成甲案無法順利進行，或是未能達成主要目標，甚至是成員對於進行的方案有許多困惑不解時，就可以立即改換乙案。

要記得「計畫趕不上變化」，即便設計了兩個方案，有時候還是因為現實情況而需要做一些調整；許多設計好的計畫，也需要依照上一次的團體進行情況，在下一次的團體做適當的修正，有時候是大幅改變。

像是「家庭團體」，原本預計可以用心理劇方式做一個衝突情境的演練，卻發現成員對於彼此還不熟悉，不能提出實際經驗做演練，於是改用領導者事先準備的劇本來演練；也可能同樣是「家庭團體」，上一次討論的主題似乎停留在表層，領導者於是放棄原先的計畫，這次針對上一回主題做更深入的探討。

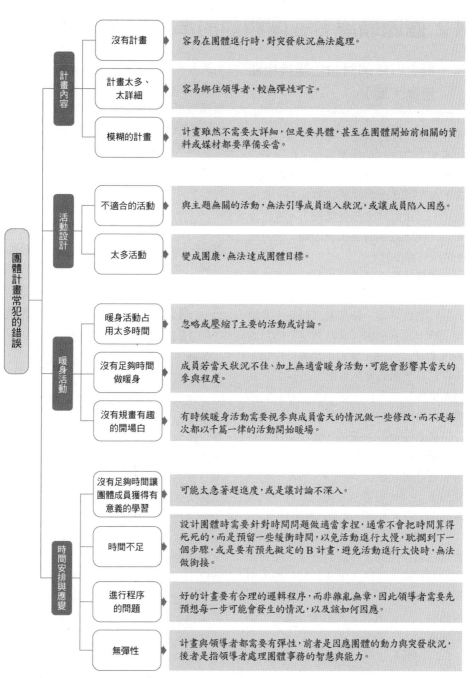

團體計畫常犯的錯誤

計畫內容
- 沒有計畫 → 容易在團體進行時，對突發狀況無法處理。
- 計畫太多、太詳細 → 容易綁住領導者，較無彈性可言。
- 模糊的計畫 → 計畫雖然不需要太詳細，但是要具體，甚至在團體開始前相關的資料或媒材都要準備妥當。

活動設計
- 不適合的活動 → 與主題無關的活動，無法引導成員進入狀況，或讓成員陷入困惑。
- 太多活動 → 變成團康，無法達成團體目標。

暖身活動
- 暖身活動占用太多時間 → 忽略或壓縮了主要的活動或討論。
- 沒有足夠時間做暖身 → 成員若當天狀況不佳、加上無適當暖身活動，可能會影響其當天的參與程度。
- 沒有規畫有趣的開場白 → 有時候暖身活動需要視參與成員當天的情況做一些修改，而不是每次都以千篇一律的活動開始暖場。

時間安排與應變
- 沒有足夠時間讓團體成員獲得有意義的學習 → 可能太急著趕進度，或是讓討論不深入。
- 時間不足 → 設計團體時需要針對時間問題做適當拿捏，通常不會把時間算得死死的，而是預留一些緩衝時間，以免活動進行太慢，耽擱到下一個步驟，或是要有預先擬定的 B 計畫，避免活動進行太快時，無法做銜接。
- 進行程序的問題 → 好的計畫要有合理的邏輯程序，而非雜亂無章，因此領導者需要先預想每一步可能會發生的情況，以及該如何因應。
- 無彈性 → 計畫與領導者都需要有彈性，前者是因應團體的動力與突發狀況，後者是指領導者處理團體事務的智慧與能力。

（Jacobs et al., 2009, pp.80-84）

4-2 團體領導者在團體前的準備工作（續一）

二、擬定可能的討論主題與相關活動（續）

領導者在計畫每次團體時，也必須要考慮到活動及討論是否會引起成員討論的興趣？有沒有可能的問題（如沉默、說明不清楚、成員不熱絡、有問題成員等）會產生？而每次的團體進行，都有開始、工作與結束三個階段，不要在團體時間快要結束時另啟新話題，因為討論時間可能不夠。

工作階段務必讓成員都有充分發表意見的機會，同時要注意讓每次團體都有充分時間做結束，像是做團體此次的摘要、給予彼此回饋，或是決定下回討論的主題等。Jacobs 等人（2009）建議，最好在每次團體要結束前，預留 3 至 10 分鐘來做結束動作，如摘要或是針對團體過程做簡述。

領導者在擬訂計畫時，會特別注意活動與團體主題的關連性與意義。許多領導者會在每次團體開始時，先花一點時間摘要上次的團體或是詢問成員有無未竟事宜，然後才進行當次的團體。

許多團體在每次進行主要討論之前，會來個暖身活動，而這些暖身活動最好與主題相關，這樣可讓成員較易進入情況。偶爾團體領導者會以簡單的寒暄問候成員，然後進入討論主題，這些也都很適當。

此外，要考慮團體的結構化、團體參與者（如年紀越小，需要結構化較多）、領導者理論取向、團體類型，以及團體階段（Schneider Corey et al., 2014）。通常在團體剛開始時，結構化要多一些，目的是讓成員知道團體如何運作、自己可以做些什麼，以及提供成員安全的環境。

但是，結構太多會限制成員的自發性與自主性，當然也限制其與團體之成長，結構化太少則造成參與者的焦慮感，也抑制其自發性。

三、選定團體進行場地之物理環境與其他相關設備

團體進行地點的選擇要注意安全與私密性，交通上要便利、容易尋找，最好固定在同一地點、不要更換，燈光、室內環境與座位的舒適感，也都需要做考量。此外，洗手間或是飲水設備也要距離適當、便利，需要使用的媒材或文具等，也要預先準備完善。室內是否需要脫鞋，最好也預先告知成員。

有時候，團體時間可能是下班之後進行，最好確定成員都沒有餓肚子，或者是團體開始的時間對成員來說不會有壓迫感，甚至是讓成員可以先小歇一下、穩定情緒之後，再開始團體會更佳。進行團體的空間內，空氣要流通，也要有鐘錶讓領導者與成員清楚看到時間。

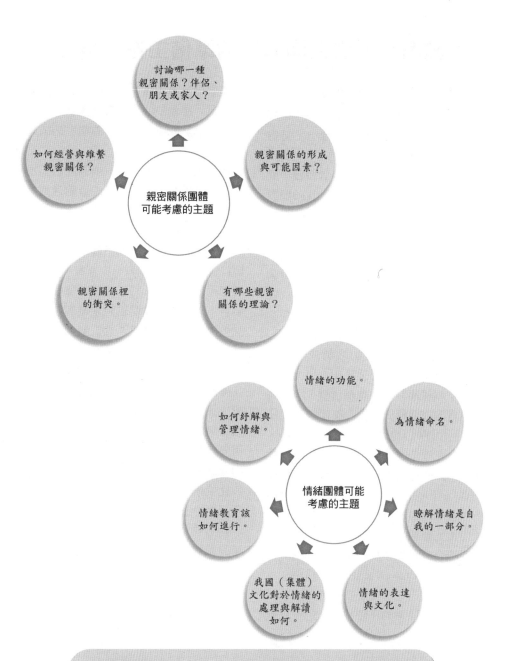

＋ 知識補充站

　　有些機構的個別與團體諮商室裡，還安排有緊急鈴，主要是因為有些當事人可能會有突發的激動情緒或身體發生狀況，甚至傷害自己與他人的行為，因此需要緊急處理。緊急鈴與警衛室或機構內人員有連結，可以及時做適當警告或處置。

4-3 團體領導者在團體前的準備工作（續二）

四、篩選與決定參與成員

成員的篩選對於團體的成功與否影響很大，特別是團體凝聚力的部分。篩選適合的成員參與團體是團體成功的要素之一，尤其是對於新手領導者而言，篩選不適當或是沒有篩選成員，其破壞團體的機率就大增。

成員的篩選可以用團體（如新生訓練）或個人訪談方式進行，或是轉介或推薦，有學者建議也可以在團體進行初期做篩選，或是以書寫方式為之。書寫方式就像是讓有興趣參與的成員填寫一些基本資料，然後從這些資料中做篩選。

在學校裡可能是經由教師或家長轉介，也需要做一些篩選動作，因為許多師長不瞭解團體的效能及目標，容易將不適當的成員轉介過來，不僅成員未能有效利用團體，也容易造成團體的失敗。

若是在團體已經開始之後進行篩選動作，可以先在團體開始之初說明團體會先進行若干次，然後詢問成員待在團體中的感受，讓成員有機會做適當的決定（退出或繼續參與團體），有時候甚至需要轉介成員先做個別諮商，或到更適當的團體裡（Jacobs et al., 2009, p.69）。這樣的篩選方式通常是在團體開始進行之前無法做篩選動作時使用，也可以是領導者發現有不適當（像是無法對團體有貢獻、興趣缺缺、會破壞團體，或是與人互動型態可能不適合團體）的成員在其中。

倘若團體領導者同時有幾個團體要進行，也可以藉此將適當的成員篩選到適合的團體中（Jacobs et al., 2009）。Berg 等人（2006, pp.137-138）建議在團體第一次見面時，可以將團體基本原則做說明，包括：（一）準時參與團體；（二）遵守保密原則；（三）仔細聆聽他人的發言；（四）討論問題時要誠實、具體且持開放態度；（五）設定個人成長之具體目標；（六）至少承諾參與前 4 次團體（才能對參與團體做具體評估）。

團體是全體參與成員的團體，也要提醒成員其可做的貢獻與責任，團體不是領導者的「個人秀」，因此領導者也不需要講太多話，或是給每位發言者回饋，而是讓成員彼此可以做自發性回饋，也彼此協助，領導者可以分享的是團體中所發生的任何事。

當然成員的篩選是非常主觀的，通常是靠領導者與協同領導者的直覺來做決定，因此領導者就要特別留意自己的篩選標準為何？通常以團體目標為主要考量，去思考誰會受惠最多？

個別篩選成員時的訪談問題

1 你/妳為何想參加這個團體?

2 你/妳對團體的期待為何?

3 你/妳曾經參與過哪些團體?是怎樣的團體?

4 你/妳從團體中得到的協助為何?

5 你/妳會不希望誰參加這個團體?

6 你/妳自己可以如何貢獻給團體?

7 對於團體或領導者本人有任何疑問嗎?

✂ 書寫資料的篩選成員示例

姓名:
年齡:
學歷或年級:
性別:□男　□女
婚姻狀況:□已婚　□未婚　□分居　□離婚
居住情況（獨居或與家人同住等）:
孩子的年紀:
・診斷
病史（有無身心理方面的疾患）:
醫療紀錄（就醫與用藥）:
可以參與團體的時間:
有無需要安親服務:
來參加團體的交通方式:

（Jacobs et al., 2009, p.68）

✚ 知識補充站

　　大多數的學者與臨床人員支持對團體成員做適當的篩選,主要是希望團體能夠有效及成功,但是有些團體（如醫療院所的開放式團體）不做成員篩選。有若干學者認為篩選程序也讓一些被篩選掉的成員無法參與團體工作,失去可以互相學習與成長的機會。

4-4 團體領導者在團體前的準備工作（續三）

五、成員人數與時間

團體成員過少或過多，都有礙團體的動力；像是成員少於 4 位（包括團體領導者），其互動的多元性與層次就會受限，倘若人數超過 10 位（如 12 位），加上時間不足，就可能會讓團體動力只在幾個人身上或是停滯。年紀較小或有較嚴重困擾者（如國小中年級遭受暴力者），人數在 4 到 6 位是可以接受的。

有些機構基於經費的考量，有時候只要求參與團體的人數夠多，甚至沒有限制，但是成員過多，就會嚴重影響團體動力與凝聚力，而團體成員分配的時間若不足，也會造成不公平的情況，或是造成成員嚴重流失，再則又忽略了篩選機制，幾乎等於提前宣告團體的失敗。一般的諮商團體畢竟與特殊的治療團體（如針對心理疾患或功能失常者）目的不同，而且通常是有時間與次數限制的團體，不太能容許上述的情況發生。

六、團體宣傳

團體宣導要盡量讓足夠的潛在成員都看見。招徠潛在團體參與者可以經由許多管道，不管是到班宣傳、發送 DM，或是利用網路，盡量讓更多人知道這個訊息最佳。然而有些團體可能是經由教師推薦或轉介，有些是法院或矯正機構的要求，最好能讓推薦或轉介者清楚團體的目標與運作方式，這樣才有可能招募適當人選進來團體。

再則，領導者可能在做團體計畫時，就已經預想團體招募的對象，有時候必須要考慮到團體成員的同、異質性，類似或不同背景（如年齡、教育程度、性別、族群、關切議題等）的成員，都可以有不同的學習，主要還是看團體目標來決定。

七、讓成員準備好進入團體

在團體進行之前，也需要給成員做相關教育（類似新生訓練），包括如何運用團體、可能承擔的冒險與注意事項，以及團體的基本規則。這個步驟可以在篩選成員完成之後進行，也需要在團體進行第一次時進行。

八、心態上做好準備

團體領導者需瞭解進行一次團體諮商得要耗費極大的體力與精神，所以事前都要讓自己的身心狀態維持在最佳的情況，才能夠在帶領團體時專心一志。團體領導者基本上是相信團體諮商過程與其功能，也願意承諾投入團體諮商工作，倘若有協同領導者，彼此之間要做好溝通與協調，包含喜愛的理論取向、彼此在團體中的角色與工作。

小博士解說

團體成員若能在團體進行之前，事先瞭解團體的運作方式，如成員在團體中做些什麼、該遵守的規範，以及領導者工作等，都可以讓成員在進入團體之後盡快熟悉、做有效的貢獻。

團體宣傳 DM 示例

團體名稱：

上網行不行？

說明： 現代人的生活似乎擺脫不了電腦與網路的影響，雖然上網行為已經
成為生活中的一部分，但是隨之而來的許多影響也讓人憂心，包括
使用網路時間過長，影響個人家庭、生活、課業或人際關係，甚至
有網路犯罪行為等嚴重情況發生，到底是我們控制了網路，還是網
路掌控了我們？如何在嚴重後果發生之前覺察徵兆？有無防治與解
決之方？進一步善用網路、增進生活品質，就是這個團體希望達成
的目標。

目的： 瞭解上網優勢、成癮原因與影響，以及如何擺脫成癮的危險。

參與成員： 凡是對於上網相關議題有興趣的社區人士皆在邀請之列，尤其歡迎
對於擔心親朋好友的上網行為是否已經成癮者參與，我們一起來研
商對策。預估錄取10名，報名請早！

團體時間： 週四晚間6點至9點半，共計8次。時間自105年6月16日至7月28日。

團體地點： 屏東大學社區諮商中心（國際學舍）二樓團體室

報名方式： 網路（屏大社諮網路地址）、屏東大學社區諮商中心

註： 填完報名表之後，會邀請你面談，請留意相關訊息。

✛ 知識補充站

　　有些潛在成員即便通過篩選進入團體，但是可能在團體開始時就沒有出席或是請假，
因此在團體進行初期就可以針對較細節的團體規則做討論與擬定，但不要占太多時間，
有些團體會訂請假規則（如在團體時間前多久要知會、每次團體會等候幾分鐘後就開
始、請成員退出團體等），與罰則（如下一回負責場地準備、請吃東西、服務成員等）。

4-5 領導者在團體過程中需注意事項

一、團體進行的物理環境

領導者在團體進行前,要事先選擇好地點,要避免外在的干擾,也讓成員可以安心進行團體。場地選擇好之後,就不要更換,避免讓成員覺得變動、不安。進行團體時,最好是以圍成圓圈方式進行,這樣就可以讓成員都看見彼此,最好不要有桌子或其他障礙物擋在前面;若是直接坐在地板或地毯上的場地,讓若干成員環抱抱枕或布偶等物是可以的(只要不會造成分心)。團體進行中若需要書寫動作,可以在團體圈外準備一些可以書寫的桌子,或是放置在膝上書寫用的硬板子。

二、瞭解與掌控團體的氛圍

每次團體的氣氛與熱絡度會不一樣,領導者應該要有所準備,也需具有足夠的敏銳度體察團體氛圍,做適當的介入或處理。這當然也與領導者的領導風格或投入程度有關,領導者在進行團體之前,一定要有足夠的休息與準備,倘若是在精神與體力都透支的情況下帶領團體,不僅無法讓團體順利進行,自己也容易耗竭。

三、邀請成員發言與對團體做貢獻

團體領導者的主要功能是催化,因此邀請成員發言、分享及參與活動是很重要的,也是讓成員願意冒險、自我揭露與對團體有貢獻。對於常常發言或是發言過度冗長的成員,以及常保持沉默的成員,要做適時的阻斷與邀請,讓每位成員都可以積極投入。

四、示範與說明

領導者在團體初期要有許多的示範動作,以供成員學習與運用。許多的名稱,也許成員只會用自己的方式去解讀與瞭解,得要領導者做進一步說明與展示,才可以取得共識、善用團體功能。像是「傾聽」與「尊重」,光是語言的說明還不足,需要舉例或是在團體過程中做機會教育。另外有一項是「給回饋」,教導成員在其他成員分享之後如何回應。通常給回饋是以正向的為主,包含自己受到的影響、感受與看法,以及感謝,到團體中後段,成員彼此的信任度夠了,給予一些較非正向的回應或建議,就較能接受。在發言給回饋時,最好稱呼對方名字,或是直接以「你」(第二人稱)的方式做直接對話,不僅能拉近彼此的距離,對方也會專注傾聽。

五、設計適當的暖身活動

領導者在每次團體剛開始時,可以用摘要上次團體內容、詢問成員有無未竟事宜、寒暄或詢問成員想要聚焦的議題、討論上次的家庭作業、讓成員沉澱情緒(如帶領做冥思)、評估自己目前進入團體的心情、評估自己在團體中目前的狀況,以及活動來啟動。領導者可以創發許多暖身活動,且最好與將要探討的主題有關,尤其是對於年紀在國小到高中的成員更有效。像是在團體中間放置一個垃圾桶,邀請成員將目前心裡的困擾一起說出來,30秒後喊停,接著討論做完活動的感受,然後進入要探討的主題「我最擔心的……」。

團體座位圖

＋ 知識補充站

　　團體領導者在團體開始之初，可能需要做較多教育或示範，也有掌控較多團體方向的權力。然而隨著團體進展，許多領導者就會開始下放權力，慢慢讓團體成員分攤責任與權力，這通常是在團體工作期發生。當然，領導者權力分攤也可能因為團體目標或性質，以及領導者的個性而有不同。

4-6 領導者在團體過程中需注意事項（續）

六、若設計的活動不能引起成員興趣，就立即更動

領導者有時候會因為不熟悉所服務的族群，因此設計出來的活動讓成員興趣缺缺，沒有太大動力參與，有時候也會考慮不周延，設計的活動無法引起成員興趣，或領導者老是使用一些固定的活動（如媒材都是牌卡），也會讓成員覺得無聊。這就是提醒領導者：要先預演活動進行的情況，或是請教對此族群較熟悉的人，最重要的是：永遠要有「B 計畫」（就是備案）。

七、注意團體動力

留意成員所談的內容、表情、動作、情緒狀態、互動情況等；這些可以經由敏銳觀察與環視成員的方式達成。若領導者只有一人，就會較忽略坐在領導者兩邊的成員，因此偶爾移動一下身體、轉變一下視野，或是有協同領導者（坐在領導者對面）一起，就可以克服這些問題。

有時候成員之間有不愉快或誤解，領導者就需要敏銳地覺察，做開放式詢問，並做處理與解決，千萬不能忽略不管，否則會嚴重影響整個團體與過程。

八、團體規則

團體規約的設立雖是由成員發動、訂立，但是若成員之前沒有團體經驗，不知道該訂立哪些規則，領導者就可以提供一些基本規則，像是保密、守時、尊重與傾聽等。隨著團體進程，成員就可以一起決定增加新的規則或刪除舊規則。

九、倫理的守門人

領導者是團體倫理的守門人，因此除了提醒成員要遵守保密的規則外，也要隨時注意是否有違反倫理的情事出現。

十、每次團體結束都要做好結束動作

將每次團體諮商當作是最後一次，也就是要好好開始，好好結束。最好對於有期限的團體（如 12 次），從團體第一次就剛開始讓成員知道「這是第 ○ 次團體，我們還有 ○ 次」，而對於開放式團體更是要注意。

每個團體都像生命歷程一樣，有開始、有結束，如果領導者可以讓每次團體善始善終，少了未竟事務的問題與懸疑，也能提醒成員更有效利用團體經驗，還給成員做了最好的生命教育。

小博士解說

資深的領導者會結合自己的經驗與直覺，運用在團體工作上。擔任助人工作，基本上對人性有相當的瞭解，尤其是在進行團體時，敏銳且適時的同理，會讓成員卸下心防，也感受到被認可，增加其對領導者與團體的信任；而領導者若感覺「不對勁」，也會迅速（直覺）做反應或處理，這正是「活在當下」。

成員在團體中的角色 （Benne & Sheats, 1948, cited in Forsyth, 1999, p.127）

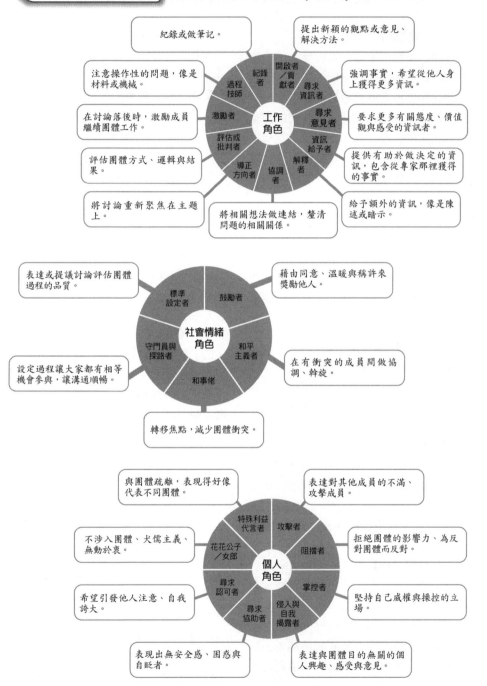

紀錄或做筆記。

提出新穎的觀點或意見、解決方法。

注意操作性的問題，像是材料或機械。

強調事實，希望從他人身上獲得更多資訊。

在討論落後時，激勵成員繼續團體工作。

要求更多有關態度、價值觀與感受的資訊者。

評估團體方式、邏輯與結果。

提供有助於做決定的資訊，包含從專家那裡獲得的事實。

將討論重新聚焦在主題上。

給予額外的資訊，像是陳述或暗示。

將相關想法做連結，釐清問題的相關關係。

工作角色：紀錄者、開啟者／貢獻者、尋求資訊者、尋求意見者、資訊給予者、解釋者、協調者、導正方向者、評估或批判者、激勵者、過程技師

表達或提議討論評估團體過程的品質。

藉由同意、溫暖與稱許來獎勵他人。

設定過程讓大家都有相等機會參與，讓溝通順暢。

在有衝突的成員間做協調、斡旋。

轉移焦點，減少團體衝突。

社會情緒角色：標準設定者、鼓勵者、和平主義者、和事佬、守門員與探路者

與團體疏離，表現得好像代表不同團體。

表達對其他成員的不滿、攻擊成員。

不涉入團體、犬儒主義、無動於衷。

拒絕團體的影響力、為反對團體而反對。

希望引發他人注意、自我誇大。

堅持自己威權與操控的立場。

表現出無安全感、困惑與自貶者。

表達與團體目的無關的個人興趣、感受與意見。

個人角色：特殊利益代言者、攻擊者、阻擋者、掌控者、侵入與自我揭露者、尋求協助者、尋求認可者、花花公子／女郎

4-7 領導者在團體結束階段需注意事項

一、結束動作

團體結束動作不是一次就完成，一般有數次以上的團體以及開放團體，應該是每次團體結束就要做好結束動作，而在團體最後幾次時，就要花時間做團體準備結束的動作，像是提醒成員還有幾次團體，有無未竟事務需要做討論，以及鼓勵成員將在團體中所學運用在團體外的日常生活中。

如果只在團體最後一次做結束動作，容易有未竟事務沒有機會提起或做討論，也會讓成員退縮到工作前的階段；如果沒有做好結束動作，也會無法適當處理成員與團體分離的情緒，對往後生活可能也有負面影響。

二、團體效果評估

團體領導者需要針對團體效能做評估，有系統且有效的評估工作可以增進領導者與成員的繼續成長。輔導教師或諮商師帶完團體，有些需要寫報告，有些則是做為下次團體的參考，因此檢視團體成效是必要的。可以在做團體諮商後立即檢視評估，也可以在團體結束後若干時間內（如1或3個月內）追蹤成效。主要的評估方式有（Berg, et a;., 2006, pp.184-197）：

（一）**領導者自我評估**：領導者需要對瞭解自我以及團體工作，採取真誠、開放的態度，協同領導者可以提供建設性的回饋，像是領導者所投射的態度、盲點、喪失的機會與催化團體的能力。領導者也可以藉由錄影或錄音來檢視自己的工作情況。

在每次帶完團體後，領導者可以自問這些問題：

1. 團體對我的經驗如何？

2. 我在此次團體的感受如何？表達這些感受了嗎？是否有些不舒服的感受？

3. 我對不同成員的反應如何？是否拒絕某些人？關心所有成員？

4. 我對每位成員溝通了什麼？我說了想說的嗎？要傳達的訊息清楚嗎？

5. 我花在內容討論的時間有多少？是否較少注意成員互動、感受與需求？

6. 我希望自己已做到哪些事？我希望自己早該說哪些話？下一次我會有不同做法嗎？

7. 我是不是掌控太多？希望成員怎麼看我的領導者角色？

（二）**領導者評估團體**：評估團體內容與過程。

（三）**成員評估團體與領導者**：可以詢問這些問題：

1. 自己的改變、與他人關係的改變如何？

2. 團體經驗如何協助這些改變產生？

3. 領導者所做的對成員有無幫助？

4. 團體經驗對你的傷害為何？

5. 最喜歡與最不喜歡的活動是什麼？

6. 希望團體有哪些不同會更好？

7. 團體經驗結果讓你感受最不同的是？

（四）**追蹤評估**：在團體結束後 2 到 3 個月，領導者可以做追蹤評估。讓成員可以繼續努力於有助個人成長的工作，處理未解議題，也從其他成員那裡獲得支持與鼓勵。

檢視團體成效可用的開放性問題

（Burckner & Thompson, 1987, 引自 Thompson, Rudolph, & Henderson, 2004/2005,p.17-14）

1. 我認為來到這個團體諮商室是 _____

2. 在團體諮商室中，我曾經和其他同伴愉快地分享經驗，包括 _____
   _____

3. 在團體諮商室中，我尚未和同伴共同分享經驗，但是我願意和大家分享的
   事情包括 _____

4. 我想諮商師是一個 _____

5. 如果諮商師可以 _____ 會更好

6. 在團體諮商室中，我學會了 _____

7. 如果我有機會，我願意／不願意和我的同學一起來參與團體討論？

8. 你是否曾和父母家人共同討論團體諮商的經驗？（是／不是）

團體治療效果的影響因素 （Burlinfame, Mackenzie & Strauss, 2004, p.648）

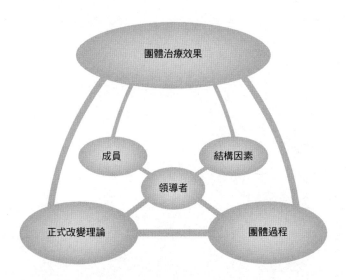

第 5 章
團體發展階段

5-1 團體發展的提醒與階段

一、團體發展的提醒

團體有其發展階段，然而也因為成員的許多變數會影響團體的發展，相對地，每位成員也因此而有不同的發展階段。團體發展階段不是線性的，也不是每個團體都可以完成所有階段，因此有時候團體也會返回到之前的階段，或是停滯在某階段就不再往前，這樣的情況也可套用在團體成員的發展上。

雖然許多學者將團體發展過程分為幾個階段，然而要特別注意的是：

（一）不是每個團體都會經歷所有的階段。有些團體可能一直在最初階、無法進步到下一個階段，有些團體可能在極短時間內就經歷所有的階段。

（二）不是每個團體成員都會經歷同樣的階段，因為每個人願意冒險與開放度不同，所以在團體中的進程也受到影響，因此很可能某個成員已經進展到轉換階段，有些卻還停在初階的觀望狀態。

（三）不管是團體或是成員，也可能返回之前的階段，不繼續前進，或者會進展到某一階段就停滯不前，或是來來回回、反反覆覆，這些都與團體的動力有關。

二、團體發展的階段

不同的學者將團體分成不一樣的發展階段。Berg 等人（2006, pp.173-183）將團體區分為三個階段：

（一）承諾前階段（Precommitment stage）

1. 預期成員有焦慮、不確定與困惑是自然的，成員也會測試團體（包括領導者與其他成員）的界限。

2. 有限的自我揭露與探索。成員因對於被團體接納或拒絕較敏感，自我揭露有限且是試探性的，分享較停留在表面上。成員可能會有結盟，或測試領導者的作為，或試圖掌控及影響團體，個人的態度與價值觀會慢慢浮現，包括個人的人際模式。

3. 成員開始分享自己一些較私密的資訊，與其他成員開始有連結，所謂的團體凝聚力開始成形。

4. 領導者在團體初期，最好可以建立自由與接納的氛圍，將團體從最初感受到舒適的情況帶往問題解決的方向。

（二）承諾階段（Commitment stage）

1. 有更深的自我探索與瞭解。

2. 明確知道自己（團體）人與外面人是不同的（「我們一體感」），出現較多利他或助人行為。

3. 更聚焦在「此時此刻」。

4. 願意承諾做改變與成長；成員彼此接納、位階平等，成員中也開始出現隱藏式領導者。

5. 有更多的自我效能感；團體成員較少做「拯救」動作，攻擊行為減少，願意為團體利益做妥協。團體有自己的生命，幾乎每位成員都是自己的治療師。

6. 離開團體的準備。

7. 領導者出現較多面質行為，帶領方式更現實導向。

團體發展階段 Jacobs 等人（2009, pp.30-31）

開始階段

1. 此階段是用來介紹團體目的或主題、團體進行中會發生什麼事、成員的害怕或擔心為何、團體規範等。
2. 成員會檢視自己在團體中自在的程度如何。
3. 領導者可以提供較多的架構，俾利團體進行。

工作階段

1. 成員聚焦在團體目的，學習新的資訊、充分討論不同主題、做個人的分享與治療，是團體最核心的工作，成員則決定自己要涉入團體多少。
2. 領導者會注意成員間的互動模式與對待彼此及領導者的態度。

結束階段

1. 結束團體。
2. 成員分享自己在團體中所學、改變、將如何利用所學運用在團體外生活，以及跟團體道別。

確認成員有效運用團體，並清楚檢視團體過程。

減少團體運作不必要的困難。

協助成員將討論主題與自我做有意義的連結。

使用結構化的目的
（Schneider Corey et al., 2014）

讓成員充分參與。

協助成員表達其情緒與期待。

讓成員有機會實驗新的覺察與行為。

5-2 團體發展的階段與注意事項

二、團體發展的階段（續）

（二）結束階段（Termination stage）

1. 結束階段與開始階段一樣重要，也是提升改變的重要階段。

2. 成員有能力去因應、接受與有效探索如何離開重要關係。

3. 探索團體給予個人的重要意義。

4. 結束是另一個開始，要能夠公開地處理失落感受，評估自己與其他成員的進步及成長，找出需要繼續努力的面向，以及發展沒有團體之後的目標與計畫。

5. 決定何時結束。要注意成員可能的依賴與不願意結束（抗拒），成員對於結束有不同的準備度；若是成員還有未竟事宜，領導者可協助成員加入其他適當的團體或個人諮商。

三、團體各階段的注意事項

以發展的觀點來看團體階段是很有意義的，每一個階段有其特色，區分並不是非常明顯（Schneider Corey et al., 2014, p.266），而且團體發展與成員發展也不是直線性的，而是迂迴或循環的趨勢，也就是有時候往前進，有時候會倒退回來，因為團體是有動能的，也一直在改變。

團體在每一階段都有建設性結果，只是質感與深度不同，成員的感受也各異。如果將團體視為一個有機體，在必要且充足的條件下，團體往前進展會較為順利，但並不表示過程中毫無問題或考驗，即便是資深領導者也會遭遇到不同挑戰，需要去面對與處理。

Schneider Corey 等人（2014）將團體發展階段分為：團體前、團體初期階段、團體轉換階段、團體工作階段、團體結束階段與團體後階段（如右表），本章的介紹以其所提出的各階段特色為主。當然每位學者對於團體發展階段有其獨特看法或描述，但也有許多共通點，讀者們可以參照比較。

有關團體進行前的準備工作（團體前階段），已經在前一章詳細介紹了，本章以下篇幅只針對團體各階段的特色與領導者注意事項做簡要說明。

小博士解說

團體凝聚力（group cohesion）是指團體成員分享較為私密的個人訊息，成員之間也開始連結，是一種「我們一體感」（we-ness），也是團體持續發展最重要的因素。

 **團體發展階段** （Schneider Coreyet al.,2014）

團體前階段（團體形成）
準備、宣傳團體、篩選成員、準備給成員成功機會。

初始階段（探索期）
成員彼此認識、試圖瞭解團體方向、討論「安全」議題。

轉銜期
成員較熟悉彼此，會測試領導，領導要處理衝突、抗拒與拒絕。

團體後階段
追蹤與評估

結束期（整理期）
將在團體中所學運用到日常生活中。

工作期（行動）
將在團體所學與領悟運用在團體內或團體外，並將心得或疑問帶入團體裡。

 團體各階段注意事項

團體前階段

團體目標要清楚明白，篩選成員要注意其是否適合團體工作的張力、團體性質是開放或封閉等。

初始階段

領導者示範如何有效運用團體、建立個人目標、保密原則與團體規範之訂立。

轉銜期

團體內的事務在團體內解決，責任澄清與分攤，誠實與公平分享。

工作期

最有凝聚力與生產力的時期。給予將團體所學做生活實驗的成員支持、誠實回饋，成員同時可保持其獨特性，團體進入更深層的探索與分享。

結束期

對團體做承諾、檢視團體效能與未竟事務，處理結束議題、給予成員整體與個別之回饋，必要時做復發之預防。

團體後階段

可以評量表、小聚會的方式進行追蹤與評估，有些團體可能自行成立新的自助式團體。

5-3 團體初始階段

一、團體開始

團體初期的主要任務是定向（orientation）與探索，會有許多焦慮與不確定，這些都是可以預期與處理的。

（一）探索與觀望

團體剛開始時，成員大多採取觀望與探索的立場與態度，因為在新環境需要花一些時間來熟悉與適應，較以領導者為依歸，領導者的說明與示範是相當重要的。成員或許無團體諮商經驗，也在等待領導者的引領，加上在團體中是要討論個人議題，會有遲疑、不太敢冒險，甚至是文化背景因素使然而較被動或緘默。領導者可以略做說明與保證，協助成員依照自己的步調開始加入。

領導者的活力與平穩的展現，可以提升團體動力與信任感。開剛始時，成員好奇心強、興致高、較為熱絡，就如同躍躍欲試的小孩一樣，因此領導者會有較多引導與邀請動作，甚至會多說一些話是正常的。

（二）焦慮表現

當成員在做觀察時，領導者也是如此，要注意自己的焦慮情況（如是否太多話、有什麼擔心等）。焦慮的領導者常會說太多、太快，或常有停頓，團體進行速度與步調太快，一下就把當初設計的進程跑完，自我意識太強、無法觀察所有成員的表現或狀況，倘若團體是較低結構的，領導者與成員的焦慮會更高！

（三）協助成員訂立目標

成員加入團體，除了最初所定的團體預計目標之外，個別成員也有自己希望達成的目標，領導者可以邀請成員闡述自己的期待，或做適當的修正，接著領導者可以說明如何運用團體經驗，以更接近自己與團體目標之達成。

（四）團體凝聚力

團體凝聚力（group cohesion）指的是成員彼此間的連結，成員將團體視為一單位（我們），彼此間有吸引力，是團隊，也有許多面向，可以經由觀察、社會計量法、自陳量表等方式評估（Forsyth, 1999, pp.149-151）。團體成員若感受到與團體的連結越深，團體成效就越佳！因此領導者的首要任務就是讓成員間可以彼此互動、支持、回饋與反應。

成員的互動與分享是增進團體凝聚力的最重要因素，成員按時出席、在團體過程中積極參與和貢獻（口語的互動）等，都可以評估團體凝聚力如何。按理說，凝聚力強的團體是接受團體目標、決定與規則的，其生產力也較高，但有時卻不一定，主要與團體規則是否鼓勵高生產力有關（Forsyth, 1999, p.163）。

Berg 等人（2006, p.205）提到「太凝聚的團體」（too cohesive），會讓領導者不知如何是好，因為團體可能是太焦慮或怕揭露太多失控，或是有信任議題（不相信領導者、成員或團體本身），成員間就可能會擔心衝突而保持表面和諧，阻擋了深入探索與成長。領導者可以用「立即性」技巧，與成員探索此時此刻的團體關係，或者是協助成員檢視目標與面對衝突。

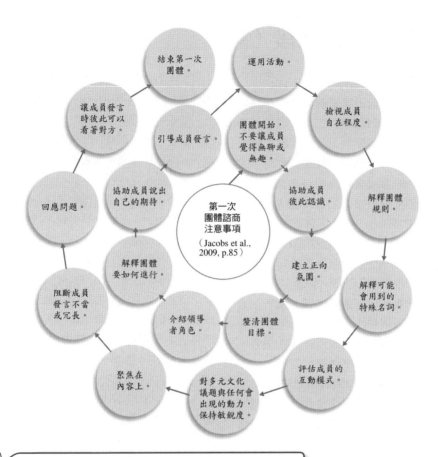

運用「我是誰」預測成員開放程度或讓成員彼此認識

請成員兩人一組，一人負責發問，另一人負責回答，計時1分鐘，然後角色交換。

發問的人只問「你是誰」，但是回答者的答案要不一樣。

＊ 註：依據答題者所提供的資料，可以初步瞭解成員的開放程度。若是成員一直提供事實或表面性的答案（如前三個），表示其開放程度較低。若成員很快就提供較個人的資料（如後兩個），表示其在團體裡的開放度較早，也較高。

5-4 團體初始階段（續）

二、團體初始階段特色

（一）聚焦在自己還是他人：成員在一開始會評估要冒險的程度，往往先從「安全」議題或內容開始，說別人的故事或聽聞的事件，是比較不需要擔心的。領導者可以引導成員聚焦在自己身上，或連結其他成員的相似經驗及發現反應，讓成員慢慢開放，如：「你提到最近發生的新聞事件，你有怎樣的感受或想法？」或：「〇〇提到這個新聞事件，其他人有類似的擔心或什麼想法嗎？」

（二）聚焦在現在還是過去：聚焦在過去比較沒有威脅性，反正事情過了就過了。領導者可以協助成員聚焦在現在，或許是連結過去的事件對目前成員的影響，或者為何那個事件讓成員耿耿於懷？將過去事件帶到現場來檢視。領導者要注意在充分瞭解成員所敘說的事件之後再做處置，不要急於解釋或處理。

（三）內容導向或過程導向：成員與領導者會較聚焦在所談的內容上，較少注意到過程，領導者需要平衡內容與過程，並注意成員的反應。

（四）信任程度：團體要建立信任不容易，因為許多成員有許多擔心，還是處於觀望態度，在分享上較為謹慎，甚至流於表面。領導者的專業表現與示範，可以讓成員慢慢卸下心防，學會開放。但成員大膽踏出第一步做分享時，卻也可能有危險性，需要留意與提醒。

三、團體初始階段關鍵事項

（一）團體剛開始，會讓成員彼此互相熟識，因此自我介紹似乎是必要的過程，但是要注意不要花太多時間。

（二）訂立團體規範不要花太多時間。領導者除了在團體進行前的說明會說明外，也必須引導成員在第一次進行團體時，訂定大家可以遵守的規則。領導者可以從如何運作與利用團體經驗開始，讓成員討論相關規定或罰則，基本上保密、不遲到早退、積極分享、尊重成員與傾聽其發言等都應納入，而團體規範會隨著團體進程而改變或增加。團體討論出來的規範通常是顯而易見的「明確」規範，但也會有一些隱藏的規範，如預設每個人都「必須」發言，或做完全的自我揭露等，都需要領導者做說明與釐清。

（三）不要花太多時間聚焦在某一成員身上，容易變成「在團體中做個人諮商」，或其他成員會覺得無聊、無趣。

（四）留意成員可能的擔心或害怕，像是怕被不喜歡或拒絕、被知道太多可能對自己有害、擔心被批判、擔心成員洩密等。領導者可以做適當的自我揭露與示範。

（五）可能有隱藏的議題，讓成員很緊張或有防衛，像是有些人可能曾有過節、第一印象的誤解、有關某人的謠言等，只要能夠協助成員認出議題、願意公開充分討論或做直接對話，就可以成為討論的豐富素材，建立信任感。

（六）團體成員需要慢慢學習傾聽，領導者的示範與表現不僅可提供成員學習的楷模，也讓分享的成員感覺被瞭解、對領導者有信心，更願意冒險。

（七）有些衝突可能會浮現，領導者要進行處理，協助成員做建設性的討論，並提醒成員「團體的事在團體中解決」。

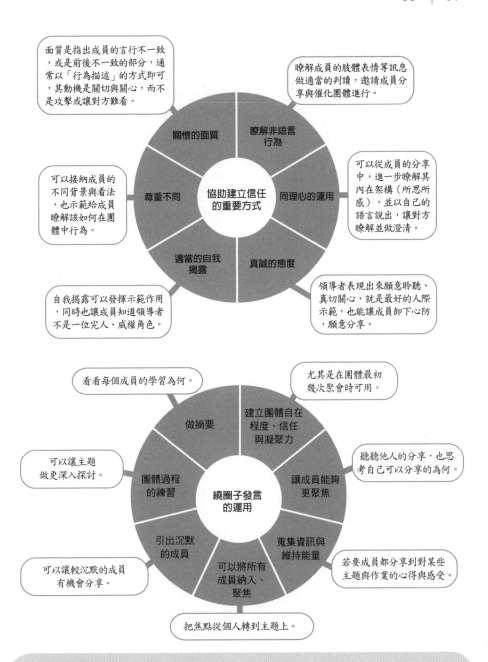

面質是指出成員的言行不一致，或是前後不一致的部分，通常以「行為描述」的方式即可，其動機是關切與關心，而不是攻擊或讓對方難看。

瞭解成員的肢體表情等訊息做適當的判讀，邀請成員分享與催化團體進行。

可以接納成員的不同背景與看法，也示範給成員瞭解該如何在團體中行為。

可以從成員的分享中，進一步瞭解其內在架構（所思所感），並以自己的語言說出，讓對方瞭解並做澄清。

關懷的面質

瞭解非語言行為

尊重不同

同理心的運用

協助建立信任的重要方式

適當的自我揭露

真誠的態度

自我揭露可以發揮示範作用，同時也讓成員知道領導者不是一位完人、威權角色。

領導者表現出來願意聆聽、真切關心，就是最好的人際示範，也能讓成員卸下心防，願意分享。

看看每個成員的學習為何。

尤其是在團體最初幾次聚會時可用。

可以讓主題做更深入探討。

聽聽他人的分享，也思考自己可以分享的為何。

做摘要

建立團體自在程度、信任與凝聚力

團體過程的練習

讓成員能夠更聚焦

繞圈子發言的運用

引出沉默的成員

蒐集資訊與維持能量

可以讓較沉默的成員有機會分享。

可以將所有成員納入、聚焦

若要成員都分享到對某些主題與作業的心得與感受。

把焦點從個人轉到主題上。

✚ 知識補充站

　　繞圈子發言的目的，是聽到每位成員的感受或想法，有時主題較私人或分享程度較深，可能會引發成員較情緒性的反應，就需要停止。有時也可用繞圈子方式，讓成員檢視自己的想法或感受，例如讓一位擔心他人對自己有負面評斷的成員，來詢問其他成員同樣的問題，如：「你／妳覺得我是一個猶豫不決的人嗎？」而每位成員可以依據自己的觀察來給予回饋，有釐清與檢視成員自己想法的效果。

5-5 團體轉換階段

一、團體轉換階段特色

團體在轉換階段，成員會開始願意表達之前不敢表達的部分，表示成員願意冒險的程度更高，當然也會出現許多的問題，包括抗拒、防衛、控制、衝突等，領導者因此面臨諸多挑戰，若能做好處理，團體就可以順利進入下一階段，開始有很好的生產力與建設性，倘若不能善加處理，團體就可能流於表面、未能深入，成員甚至會流失。挑戰的出現通常是很明顯的，像是口語或態度上的呈現，主要原因就是對領導者或團體的信任度不足。領導者也要注意有些抗拒與挑戰是較為隱微的，像是平日常發言的成員變得沉默，有些成員會順從、不願意表達真實的感受，這些都是領導者需要敏感覺察，並且做處理。

（一）**抗拒：**抗拒可能是成員對領導者失去信心，不相信其專業，而表現出來的不願意分享或合作態度。有時領導者也會出現個人化的攻擊與批判，讓成員覺得不放心。團體的凝聚力與舒適感是兩回事，只有在凝聚力強的團體，成員可以忍受衝突，才能將衝突轉化為建設性的工作（Yalom, 1995, p.264）。

（二）**防衛：**防衛的主因還是對領導者或團體信心不足，而出現的一種保護自己的行為，因此需要做處理，像是成員會說「不知道」、不願意配合，或是無法給他人回饋、害怕有所行動、認為自己的議題不重要，或是保持沉默等。領導者可以催化成員加入團體、談論與自己有關的內容，並勾連到團體中，讓大家看到共通處。要注意，只需要客觀描述成員的行為，不需要加以批判。

（三）**控制：**領導者會擔心自己無法按照設計的議程走，這也涉及領導者在團體內容與過程的拿捏能力，或者是領導者擔心團體中出了哪些狀況，自己可能無法處理，有些領導者不容許自己的情緒流露或失控。此外，成員也會擔心自己應該分享多少，深入到哪裡。領導者可以讓成員知道，想要維持控制可能是保護自己做深度分享與探索的一種方式。

（四）**衝突：**成員彼此還在熟悉的階段時，衝突或許不明顯，但是會感受到團體氣氛不同，衝突的發生可能是解讀或立場不同，甚至是溝通表達的問題，領導者要鼓勵成員將一些疑惑及不解做公開分享與討論，也在團體中處理，會讓團體凝聚力更強。有些衝突是隱微或暗滔洶湧的，最好將其搬上檯面做清楚說明與釐清，不要逃避或不處理。

要順利通過此一階段，成員必須要能有效地處理抗拒與防衛，發現與面質其焦慮與擔心，同時要有效處理衝突與控制的議題，也就是要營造安全、信任的氛圍，讓成員願意冒險、克服擔心（Schneider Corey et al., 2014）。

小博士解說 抗拒的解釋（Schneider Corey et al., 2014）

心理動力學將抗拒視為：個人不願意將過去曾經壓抑或否認、具有威脅性的題材帶到意識中。一般對抗拒的解釋為：不想探索個人衝突或會帶來痛苦的感受，其目的為保護個體免於焦慮。抗拒也可以是個體採用調適與因應的策略之一，需要去瞭解與處理。

成員覺得
有希望感、
願意做改變。

信任與
凝聚力高。

成員覺得受
到支持，也願意
在團體外嘗試
新行為。

開放溝通與回饋，
成員彼此互動
自由且直接。

**團體轉換
階段特色**
（Schneider Corey et
al., 2014, p.297）

面質是
以關切與尊重
的態度出發。

成員
願意冒險。

成員的擔心
（如自我揭露、
受傷害、被排斥、
被誤解或批評、
被挑戰、失控與衝
突等）出現，也會
表達出來。

防衛、抗拒與
衝突浮出檯面，
但可以直接、
有效地處理。

 領導者面臨的挑戰與處理方式

挑戰

- 成員質疑領導者的專業能力或團體運作方式。
- 成員質疑領導者的個性與道德操守。
- 成員彼此之間較勁。
- 成員的衝突。
- 成員討論限於表面、抗拒與防衛。
- 成員投入團體程度低。

- 公開且有效處理成員間的較勁或衝突事件。
- 分辨「挑戰」與「攻擊」之不同。
- 設法瞭解與釐清成員的不滿，要先讓其有充分表達的機會。
- 勿將挑戰「個人化」（認為成員是針對自己而來）。
- 成員的挑戰也是學習獨立，擺脫依賴領導者的進步徵象。

處理方式

5-6 團體轉換階段（續一）

二、團體轉換階段關鍵事項

（一）團體責任的轉移

團體領導與個人風格有關，有些領導較喜愛一人掌控全場，因此結構性較強，領導者也承擔團體絕大部分的責任；相對地，有些領導者的個人意識沒有那麼強烈，也願意與團體成員分享權力與責任，因此會將權力下放，儼然成為團體中的一位成員。

團體不是領導者的團體，而是成員們的團體，因此許多領導者會隨著團體的進程，而慢慢將責任移轉到團體成員身上。也就是在團體初始階段，領導者承擔較多的責任，隨著團體凝聚力產生、成員彼此關係的進展，領導者會發現團體的流動不像初期那樣生硬或僵固，成員也會開始主動發言、不需要等待領導者的「關愛眼神」或遵守「輪流發言」的潛規則，甚至會挑起領導者的若干工作，讓團體的運作更順暢。

領導者不應承擔團體的全部責任，這樣會讓成員依賴、損害其獨立性，也造成領導者過多的負擔。當然責任的轉移也需要領導者願意放手。許多新手領導者只擔心自己設計的流程是否跑完，而不在乎團體成員是否都充分分享了自己的想法或感受，甚至許多的議題討論都只停留在表面，很難深入，這就是將團體視為領導者「自己的團體」，不是團體諮商的本意。

權力與責任的移轉，並不表示領導者不需要負起責任，而是團體慢慢將責任分散到成員身上，讓成員對團體的承諾更具體與深入，也願意為團體貢獻自己的力量。偶爾，領導者若發現團體似乎有停滯的狀況，或是某些議題無法深入，就可以催化團體的動力，甚至主動引導團體的方向，等到成員都可以進入情況就放手，讓團體自發地進行。

（二）處理團體的防衛、逃避與移情行為

倘若團體整個都有防衛行為（尤其是機構轉介來的成員組成），擺明了不想要讓團體有效運作下去，這也是測試對團體信任度的表現，此時領導者就需要有更多的同理與技巧介入。如果團體成員對彼此信任度或是時間不夠，就可能會逃避更深入的分享或是隱藏的議題，領導者也要做適當處理。成員開始熟悉之後，也會開始投射自己早年經驗中的移情感受在其他成員或領導者身上，有特別想要親近的或討厭的，領導者都需要提到團體中做公開討論及處理，當然領導者也要留意自己的反移情是否阻礙了團體的進展。

小博士解說

有些領導者在個性上較傾向掌控，也較少會下放權力；有些團體可能不適合領導者權力的轉移，像是法院轉介來的當事人，但是每位參與團體的成員都有應負的責任，包括決定自己投入與收穫多少、願意自我揭露的程度，以及改變的情況。

成員會給予領導者建議，或是對團體進行方式獻策。

成員從等待領導者發號施令 ➡ 漸漸移轉為自發自動開始討論。

成員的傾聽更全面、回饋更真誠，較不在乎批評。

團體是結構性質者，從結構性較強 ➡ 結構性較弱。

團體領導者權力轉移特色（不限於此）

成員會慢慢形塑團體的進行方式，有特別的開始（如寒暄、討論上回遺漏部分）與結束（如摘要）。

從完全依據領導者所設計的議程走 ➡ 議程可以彈性化與鬆動。

一個議題或主題出現，成員彼此會自然互動，甚至開玩笑。

領導者從事必躬親 ➡ 團體會慢慢自己運轉。

團體焦慮減少，不再以領導者馬首是瞻。

從領導者中心 ➡ 慢慢進行到成員中心，領導者成為團體成員之一。

✛ 知識補充站

團體轉換階段的迴避問題

　　成員在此階段，還是會持續測試團體的信任度，然而是不是可以進入下一個階段，主要還是成員的態度與投入程度。成員或許會害怕衝突、傷害彼此情誼，有時候會迴避重要議題的討論或更深入，也不敢探索隱藏的議題，擔心自己揭露太多會對自己不利，因此若是大部分成員的反應都如此，就可能造成團體停滯不前。

5-7 團體轉換階段（續二）

二、團體轉換階段關鍵事項 （續一）

（三）轉換階段的麻煩成員

領導者在團體轉換階段會遭遇到幾種問題成員，也需要做處理（Schneider Corey et al., 2014, pp.233-246）：

1. 沉默不參與的成員

沉默的成員會讓其他成員覺得他／她沒有參與、對團體沒有貢獻，其他成員也不瞭解他／她，當然也會影響團體的運作。領導者可以觀察該成員的非語言訊息與反應，與成員一起探索沉默的意義、沉默成員對自己的影響為何，以及在進行團體檢核活動時，邀請他／她說出對團體的感受或體驗，不要因為他／她的沉默而受到懲罰或被貼標籤。有時沉默與該成員的文化背景有關，像是東方人就較西方人緘默，不喜歡談論自己或家人的事。

2. 獨占行為

沉默的成員，或是說太多話獨占團體時間的成員，有時候動機相同，可能是因為焦慮或不想被忽略，甚至是掌控團體。說太多的成員通常是說很多無關自己的故事，領導者要及早處理，要不然會妨礙團體的過程與進度。領導者可以緩和態度協助該成員檢視自己的行為對團體的可能影響；獨占行為也可能是一種防衛行為，領導者可以協助成員去探索背後的意義。

3. 說故事

說故事者在團體初期或許可以緩解團體的張力，但是若持續下去，會嚴重影響成員的分享與動力。說故事與自我揭露不同，後者是談自己當下的想法與感受，而不像前者只談自己以前或他人的故事。教導成員以個人且具體的方式表達，分享具療效與意義的故事，或是請該成員以簡單一句話說明重點，都是領導者可以運用的方式。

4. 問問題

有些成員對他人似乎很好奇，會對其他成員提出許多問題，但是若過多或問得不適當，可能會讓被詢問者感受不佳。領導者可以請該成員詢問其他成員被質問的感受，去探討為何需要一直提問？也適時示範與教導成員使用直述句，而非質問的方式來做分享。

5. 給建議

有些成員很快就會以過來人身分提供意見或解決方式，這雖然是利他的行為表現，但可能養成成員依賴的習慣，而沒有發展解決問題的能力；成員也可能因為意見不被接受或是對方情況不同，而遭受挫折。領導者可以引導成員將焦點放在歷程上，思考給建議的意義為何？有時候給建議是適當的，也有其必要。

6. 依賴

有些成員常常尋求協助或意見，或是文化上的因素而如此，因此要特別注意。若是因為領導者本身想要被依賴、認為是自己很重要的需求，而造成團體成員的依賴行為，就需要持續地檢視與覺察，或請督導協助。

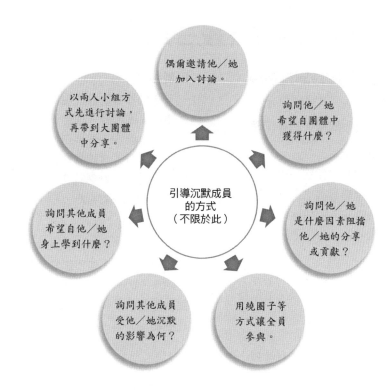

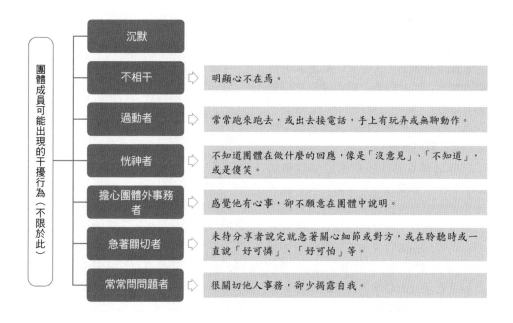

5-8 團體轉換階段（續三）

二、團體轉換階段關鍵事項 （續二）

（三）轉換階段的麻煩成員（續）

7. 提供虛假的支持

　　成員提供彼此支持與鼓勵是好事，但若急於在未瞭解事實之前就給意見或支持，是不恰當的。例如在成員表達傷痛經驗時打斷，給予對方安慰，或是說：「我也有過這樣的經驗。」企圖轉移焦點到自己身上，這些支持可能都是虛假的，也不切實用。成員表達傷痛是療癒的一部分，不應被打斷。若成員以身體接觸方式做安慰，也不適宜；尤其是曾遭受性虐待或身體暴力的人，對身體上的接觸是很敏感的，甚至會勾起傷痛。領導者可以協助該成員去理解自己為何急著提供安慰，有無私人的議題需要處理等。

8. 敵意

　　團體中出現的敵意行為有時是間接的，像是挖苦對方、嘲諷、戲謔或是被動攻擊（自屈於弱者，但表現出來卻是傷害對方），較不明顯的就是故意遲到、缺席、無聊或煩躁表現、過度禮貌、冷淡態度或離開團體。

　　有極端敵意者在日常生活中就是如此，最好不要讓其進入團體，因為他／她會傷害成員與團體，而領導者若無法有效處理敵意，也會讓成員分崩離析。領導者可以先請該成員不要直接回應其他人，而是聽聽其他成員所受到的影響；瞭解敵意後面的動機；與成員一起來探索敵意對生活的影響等。

9. 優越感

　　有些成員會故意表現出自己較其他成員要高尚或優秀，任意批判他人，卻無法看見自己的一些議題，領導者可以詢問該成員希望自團體裡獲得什麼？看看他／她的行為對團體的影響，不要讓成員以批判的態度回應。

10. 社交行為

　　成員在團體中熟悉彼此後，可能在團體外時間聚會，若不影響團體運作是容許的，怕的是有「小團體」，在團體外談論團體內所談的個人事務，又不願意在團體中分享。有些團體的成員，如老人、身心障礙者，的確需要在團體之外彼此支持，可以成為他們的資源。

11. 理智化

　　有些成員避免提及較具情緒的議題，或談及情緒化議題時極端冷靜，甚至對其他人的經驗總是以理性方式回應，這類成員不敢觸及情緒面向，有其擔心與焦慮，因此領導者的催化功力最好涉及智性、情緒與行動，也要敏銳覺察理智化成員的行為，讓他做體驗性的活動（如心理劇或完形技巧），當然這可能與性別（如男性）或文化有關。

12. 領導者助理

　　有些領導者會下放權力，讓成員開始自動發言與分享，不需要領導者的引導或提示，然而若有成員越俎代庖變成領導者助理，領導者也要注意：該成員行為背後的動機為何？協助他們將焦點轉回到自己身上。

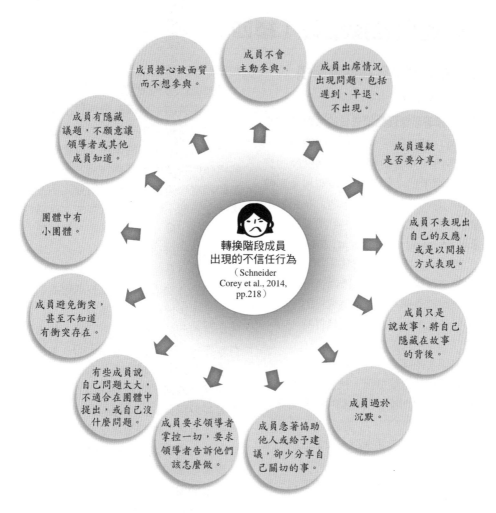

＋ 知識補充站

　　信任議題會一直存在，而成員也會藉由不同方式來挑戰對團體或領導的信任度，因此領導者抱持著開放、不個人化的態度是很關鍵的。倘若領導者可以同理成員行為，讓成員知道領導者想要進一步瞭解，甚至詢問怎麼做可以讓他們更安心，成員也會慢慢卸下心防。

5-9 團體轉換階段（續四）

二、團體轉換階段關鍵事項 （續三）

（四）領導者處理麻煩成員的原則與方式

團體在轉換階段會有許多問題浮現，是挑戰團體能否順利進入下個階段的契機，領導者的功能是讓成員順利通過轉換期，進入有效能的工作期，在面臨不同的問題或麻煩成員時，可用下列方式處理（Schneider Corey et al., 2014）：

1. 教育成員團體運作方式。
2. 與成員坦誠相處，不隱瞞也不欺騙。
3. 鼓勵成員探索防衛行為或抗拒。
4. 以不批判的方式描述成員行為。
5. 採用試探或猜測性的問法。
6. 展現對不同文化的敏銳度。
7. 以關切尊重的態度，挑戰並鼓勵成員去行動，即便那個行動可能會有痛苦或困難度。
8. 不要忽略或逃避衝突，而是設法處理與解決。
9. 不要提供簡單方法，而是讓成員去探討原因，思考可能的解決方式。
10. 不要將成員反應個人化，或做個人化的反應。
11. 不因個人需求而利用或犧牲成員福祉。

12. 邀請成員說出自己被挑戰、批判或評論的感受與想法。

儘管團體效能會因為遭遇到不同類型的問題成員而減損，但是領導者在處理過程中可以有不同的學習，像是瞭解團體運作的複雜性與所需技巧，與不同成員的相處也可以看見自己與他人的互動模式或困難，瞭解自己還需要進修與教育的部分，以及對自己所帶領的團體有較為正確的評估。當然成員也可以學習到：團體是社會的小縮影，會遭遇與自己不同的其他人（像是成長團體的成員不全是完美成員），對團體有較為正確的期待與評斷；瞭解與不同的人相處的有效方式；反思自己與他人的互動模式與性格的其他面向等。

在學校的助人專業訓練中，教師基於學習需要與便利，可能在課堂上要求學生組成團體開始學習團體運作。因為是同課堂上的學習者，可能會擔心自己所披露的私事被洩漏或當作把柄，也會因為是教師要求而表現得很配合，不算是「典型團體」，甚至可稱為「完美團體」，因為較難出現所謂的「問題成員」。但這也都是學習過程的一部分，教師可以適時提點，甚至偶爾進入團體中扮演問題成員的角色，都有助於學生之學習。

小博士解說

移情是人際關係中最常發生的現象，我們會將對重要他人的感受投射在其他人（通常是有特點相似的人）身上，以習慣的方式對待對方。團體中自然也會出現移情情況。

- 移情的處理：領導者需要中立立場，不要將其個人化，而是進一步協助成員釐清自己的感受，覺察自己的行為，以及是否有未竟事宜需要處理，然後做改變。
- 反移情的處理：反移情是領導者本身可以敏銳覺察、提醒自己，或做個別治療，以及請督導討論與協助。

對可能的防衛行為採取好奇的態度,可避免自己的挑剔反應。

進一步協助成員探索不願意參與或自我保護的可能因素。

領導者對於成員可能的抗拒或防衛行為的處理
(Schneider Corey et al., 2014, pp.216-217)

以描述行為、不批判的方式來處理。

不要給成員貼標籤,改變對成員的觀點或看法之後,會看到更多可能性。

 注意抗拒行為背後的文化因素

個人 vs. 集體
西方較重視個體,東方文化則會擔心自己的行為影響家族、社會或國家全體,因此較不會凸顯個人的特質或需求。

鼓勵情緒表達 vs. 不鼓勵情緒表達
在西方社會中,情緒表達是被允許的,但是東方文化可能會壓抑或限制情緒的公開表現,以維持社會之和諧。

個人責任 vs. 領導責任
在較尊重威權的文化裡,會認為領導者需要肩負所有的責任,包含給予建議或忠告

 ＋ 知識補充站

領導者最忌諱的就是以有色眼光來看成員,當然領導者也是人,會有自己的喜惡,自然也會將自己在生活中所接觸的人移情在成員身上,這些也都可能阻擋了領導者本身的效能與團體的運作。

5-10 團體工作階段

一、團體進入工作期

團體要進入工作期，必須要成員願意且承諾修通團體過程中的障礙或停滯的情況，特別是有關自我議題的部分。團體工作階段就是團體生產力與凝聚力最高的時候，成員也知道該如何運用團體、表達自我，不像團體初期時那般被動，有些在團體初期積極主動炒熱氣氛的成員，也願意退後一步，讓其他成員更能夠參與，而成員也願意做更深入的探索，領導者也會做較多治療性的介入，成員可以真確感受到團體的力量與療癒功效。儘管許多團體可能到結束之時都還沒有進入到真正的工作期，但是許多團體在不同階段也都有顯著的工作成果，並不僅限於工作期。

二、團體工作階段的療癒因子

Schneider Corey 等人（2014）特別提到他們在團體工作期所發現的療效因子，簡單敘述如下：

（一）自我揭露

成員從自我揭露過程中更瞭解自己。自我揭露過多或過少都不是有效的，揭露過多彷彿披露了自己的許多弱點，會擔心其他成員對自己的看法，以及在之後成為他人攻擊的目標。揭露太少，會感受到其他成員給予的無形壓力，也會影響其他成員分享的意願。領導者不宜評價成員分享的多寡，因為每位成員有自己的步調與決定，也要考慮到文化因素。自我揭露有其冒險性，由成員自行做選擇是最好的。

領導者在團體初期會做一些自我揭露的示範，主要是教育成員如何分享與做回饋，同時也藉此建立關係或信任感。領導者是否需要做自我揭露及程度多少，也是因主題、因團體制宜。當領導者權力開始下放時，成員也可能會相對期待領導者的分享，有些領導者會堅持自己的位置與角色，傾向少做自我揭露，可能也會讓成員覺得神祕或較威權。領導者的揭露情況，主要是看自己揭露的動機為何，另外也要看團體目標為何，若目標是教育心理，可能揭露較少，倘若是支持與治療，也許就多一些，最重要的是領導者自己要很清楚為何做此揭露，以及揭露的影響為何。

（二）給予回饋

領導者在團體初期就要先說明與示範給成員如何給予彼此回饋的方式，這有助於團體過程與信任度的增加，也會增進成員改變的意願與行動。有效的回饋通常是：清楚而具體、聚焦在此時此刻、適時而不批判、以優勢出發，最好可以與人際關係做連結，也要注意到成員所說的是如何影響個人，而非給予建議或評論（Schneider Corey et al., 2014）。在團體工作期，成員們已經很清楚如何給予回饋，也以正面的居多，但是也願意給予不同的觀察點或做法，這也是成員間的信任與凝聚力的表現。在此之前，給予的回饋可能較為表面、模糊或客套，但是進入工作期，成員間可以更坦誠互動，也對彼此更瞭解，因此給予的回饋會更到位，優勢與建議兼具。

團體工作期運作特色
（Schneider Corey, et al., 2014, pp.273-274）

成員在團體外的時間會嘗試做問題解決的努力。

衝突被看見、討論與處理。

成員願意承擔責任去解決問題、採取行動。

強調感受與認知，情緒宣洩之後會去討論背後的意義。

成員彼此互相信任，願意公開表達自己的感受，也願意做冒險。

成員自由給予彼此回饋，也接受他人之回饋。

凝聚力高，彼此連結與分享，也願意在團體外做實驗，且互相支持。

目標清楚而明確，且由成員共同決定。

團體規範由大家一起發展出來，也協助成員達成目標。

成員覺得有希望，認為改變是可能的。

願意冒險做揭露，即便是具有威脅性的題材亦如此，成員彼此認識更深。

大部分成員覺得有歸屬感，較少參與的成員也被邀請而更積極，溝通公開而清楚。

多元、權力與特權的議題會被提及，也尊重個人文化背景。

成員會自動做回饋，不需領導者介入。

聚焦在當下，成員彼此直接對話。

衝突與挑戰是可以接受的，也願意分享討論，不被視為是攻擊。

覺察到團體過程，也讓團體功能做有效運作。

成員對自己與其他成員感受良好，彼此也感受到有力量。

成員成為彼此的資源，也對彼此有興趣。

溝通清楚、直接且尊重，少有批判。

＋ 知識補充站

團體進入工作期時，領導者的介入更少，因為感受到團體有自己的生命、會自己運作。領導者成為成員的角色，只在必要時做介入處理，或引導更深入的討論，不少成員也會運用領導技巧，讓團體有效運作。

5-11 團體工作階段（續一）

二、團體工作階段的療癒因子（續一）

（三）普同性與凝聚力

團體工作階段凝聚力最高，彼此之間也願意做開放坦誠的溝通，以往不敢表達出來的感受或想法也願意說出來，儘管還是有意見不同或衝突，也願意搬上檯面做檢視與解決。成員發現彼此之間的共同點增加，也能夠體會對方所說的與感受的，團體氛圍是支持、信賴的，提供成員進行有意義的探索。

團體的凝聚力也孕育了成員願意行動與做實驗的動力，成員願意將在團體中所學運用在團體外的生活裡，也將實驗的心得帶回團體裡分享與檢討。團體中可以看見彼此為生活掙扎努力，以及意識到身為人類的共同議題。

（四）希望感

團體成員在其他成員的成功經驗中學到改變是可能的，也會願意效仿跟進，感受到自己不孤單、得到支持與背書，有自信，也體認到自我的力量。成員也瞭解光是「知道」是不夠的，還需要有行動的跟進，改變才可能發生。

（五）願意冒險與信任

儘管許多的冒險主權還是掌控在成員自己的手中，但是成員願意將冒險幅度增加，也為自己的行動負起責任，表示成員對團體的信任程度已經足夠，不擔心自己的揭露或是脆弱會演變成傷害自己的武器。「信任」是一股療癒的力量，許多成員在團體外很難感受到人際間的信任，因此總是抱持著懷疑與疑慮，然而在團體中所體驗到的是人與人之間的真誠互動與支持，這股力量可以支撐他將信任拓展到團體外的人際與世界，同時也比較不容易受到傷害。

（六）關心與接納

成員彼此關切對方的生活、接納對方的模樣與現狀，這就是讓彼此有力量的主要因素，或許許多成員在團體外的生活中還沒有這樣的體驗，因為總是被期待、被要求，卻不能做想要做的自己，也因此成員願意透露自己脆弱或不想讓他人看見的一面，因為他／她們知道自己是有價值的。成員的關心與接納會發展成同理心，對他人的感受、想法與行為更能正確地掌握，這也相對舒緩了人孤單存在的現實。

（七）有力量

他人的認可與贊同，會讓個體感受到自己的價值與力量，也因此會讓個人的自發行為、創意與勇氣蜂湧而出，展現其力道。成員最後都會離開團體，讓成員帶著自信與力量離開團體繼續過生活，才是團體的目的。成員剛進團體時，帶著許多個人挫敗的議題，因此會感到灰心喪志，然而經由成員的經驗分享與支持，感受到希望與力量，即便接下來還是要自己走人生路，整個感受已經不同了！當然，領導者也要提醒成員之後可能會遭遇的困難或復發狀況，也先行做預防與準備。

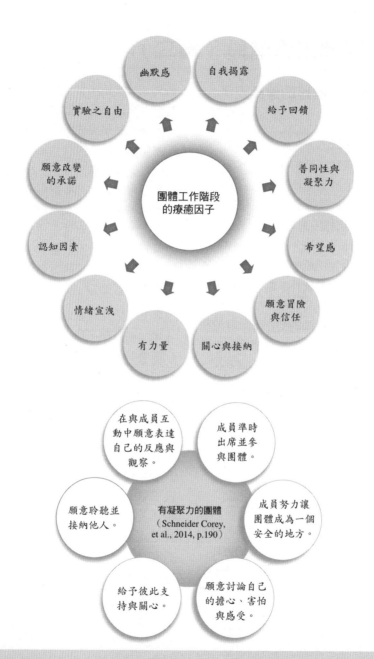

（Schneider Corey, et al., 2014, p.190）

十 知識補充站

團體凝聚力是變動的，不是維持穩定的，因此領導者要格外注意。與團體凝聚力最相關的是團體的動力（dynamics），指的是團體內在與外在力量隨著團體進展而開展，這些力量會影響團體過程與結果，團體動力看似抽象、不具體，但是隨著團體的進展，成員就可以感受到那種力量與影響。

5-12 團體工作階段（續二）

二、團體工作階段的療癒因子（續二）

（八）情緒宣洩

情緒宣洩是在團體初期較常出現的情況，雖然可以解除累積的壓力，卻無助於問題的長久解決或改變。在個別諮商中，當事人的情緒表露是治療的第一步，表示其願意卸下心防，而在團體中，情緒獲得宣洩也是治療的開始而已！在團體中，若是有人有較為激動的情緒產生時，多數成員常不知如何是好，有些會開始做安撫或是鼓勵的動作，此時的領導者大概會讓該成員覺得有情緒是自然的，可以自在與之相處，等到情緒平復、願意回到團體中來，隨時都歡迎。慢慢地，成員們也知道該如何處理情緒了。領導者會注意到，並教導成員去認清楚是怎麼樣的情緒，及背後可能的思考與行為又如何。

（九）認知因素

團體成員的一個改變應該是在認知方面，因為聽到不同的體驗與故事，會拓展自己的視野，進而有觀點上的改變，但光是觀點改變還不夠，得要有行動的跟進，改變才得以發生。有時候領導者會引導成員去想想感受背後的思考，從而獲得認知上的領悟或頓悟，然而也有些時候成員無法理解領導者的思路，而認為領導者很無情。

（十）願意改變的承諾

成員若願意運用在團體過程中所學，嘗試新的行為或做行為上的修正，也就實踐了改變的承諾，最怕的是連嘗試的勇氣或試驗都不做。對於許多認知強烈的成員來說，要說服他們改變是有可能的，通常就是要先下水試試水溫，因此在團體過程中，有些角色扮演、演練或訓練，以及行動小作業，都可以達成這樣的效果。當然也要提醒成員，在團體中所做的計畫或行動，可能需要做一些修正，才吻合其日常生活的情況，而不是照章全收。成員最重要的支持就在團體中，因此即便這些行動計畫在執行上遭遇困難或問題了，也都可以拿到團體中來進行討論。

（十一）實驗之自由

團體的氛圍若讓成員覺得信任度夠、很安全，成員就會開始在團體內做一些新的嘗試，包括內向害羞的成員可能開始學習表達，也在觀摩其他成員的行為後做一些改變，這些都是在進入團體前不會做的；接著就是在團體外進行一些新行為的實驗，將在團體中所學也運用在團體外的生活中。當然領導或其他成員不能逼迫成員做這樣學習的遷移的，而是成員自動自發、願意做這樣的實驗與嘗試。

（十二）幽默感

幽默是兩個巴掌的事，如果只是一方覺得幽默，應該是嘲弄或無趣而已！幽默也是表現出從不同角度看事情的態度，團體成員當然也有這樣的能力。當嚴肅的成員開始以自己的嚴肅開玩笑，這樣的自嘲也表示了接受自己的程度。許多的幽默不需要刻意創造，而是隨著團體進行，就可以順手拈來、毫不費力。

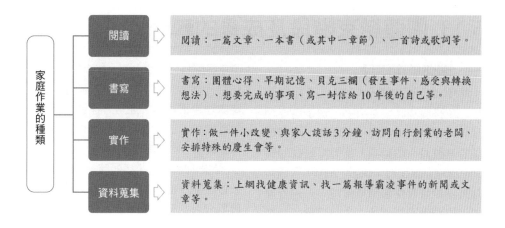

+ 知識補充站

不同性質的團體之療癒因子可能有差異，而療癒因子又彼此有重疊或互為影響（如被接納後感覺有力量），但普遍說來，最主要的共通處包含：普同性、希望感、情緒宣洩、給予回饋、自我揭露、關心與接納、認知因素及願意冒險與信任。

5-13 團體結束階段及成員的轉介

一、團體結束階段

即便每次團體都做了開始與結束動作，在整個團體要結束前，還是需要刻意規畫如何結束最後一次團體。團體經驗若是越長、越緊湊，就需要較長的時間來處理結束議題（Guay, 2004）。團體結束階段有幾件事情要處理，一是處理成員對團體即將結束的失落經驗，二是鼓勵成員將在團體中所學運用在日常生活中，此外就是做評量與追蹤評估的動作。Jacobs 等人（2009）提及團體結束時有以下幾個目標要達成：回顧與摘要團體經驗，評估成員的成長與改變，完成未竟事務，將所學運用在日常生活中，提供回饋，處理離開團體事宜，以及為持續的問題解決做計畫。

Schneider Corey 等人（2014, pp.303-315）提及團體在結束階段需要達成的任務有三項：

（一）**鞏固在團體中所學**：讓成員複習在團體中學到的，並願意持續做嘗試與實驗，將其類化到自己的日常生活中；肯定成員的努力與承諾改變，也學著去面對將來之挑戰。

（二）**結束團體經驗**：協助成員處理未竟事務、分離的感受，以及認可成員體驗了一次成功團體。

（三）**評估團體經驗**：結束通常也會引發或提醒我們生命中的一些事件與事實，包括分離、死亡、被拋棄等議題，因此要處理得很謹慎，通常會建議領導者提前就開始，而不要等到團體快結束前，甚至最後一次才處理。

在處理團體結束議題時，可以邀請大家做回顧，提供對其有意義的觀點，團體對成員的意義與影響為何，當遭受挫折時可以如何處理，做適當的轉介，以及鼓勵大家帶著豐富的收穫與真摯的關係繼續往前行。有些領導者甚至會詢問成員該如何進行最後一次團體，大家可以一起規畫，這樣進行起來很有創意，也集結了大家的努力。

二、有關成員的轉介

領導者在篩選潛在參與成員之時，倘若認為該成員可能需要其他協助模式（如見心理師、精神醫師或是做個人諮商整理），可以做立即的轉介；若是在團體過程中發現成員可能需要團體以外的協助，也可以做轉介動作。領導者雖然也是諮商師，但最好避免同時擔任成員之領導者與諮商師，以免倫理議題上的爭議或問題。在團體結束階段，領導者當然也可以視成員之需要，而做適當轉介，倘若成員想找領導者做諮商，領導者也要做通盤審慎之考量，才做決定。

小博士解說

結束是開始也是一階段的完成，結束經驗當然也會引發成員不同的反應，因此需要做謹慎處理。在結束團體時，檢視自己在團體的收穫與目標達成度、互道珍重之外，也可以瞻望未來。

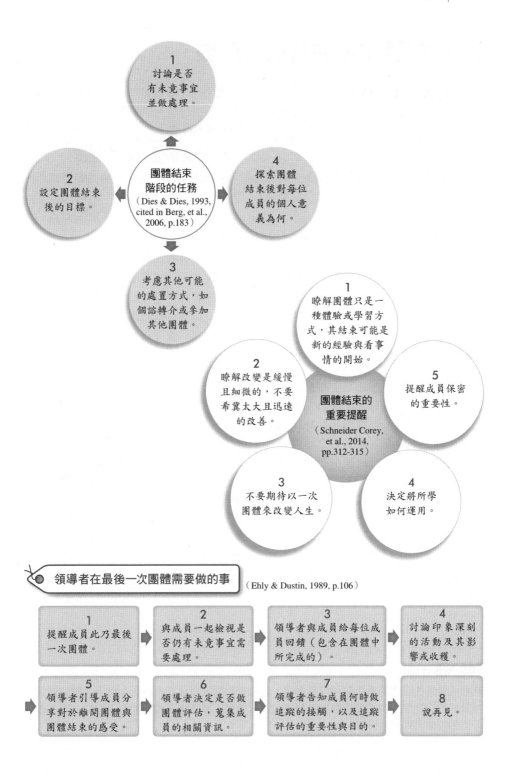

團體結束階段的任務
（Dies & Dies, 1993, cited in Berg, et al., 2006, p.183）

1 討論是否有未竟事宜並做處理。

2 設定團體結束後的目標。

3 考慮其他可能的處置方式，如個諮轉介或參加其他團體。

4 探索團體結束後對每位成員的個人意義為何。

團體結束的重要提醒
（Schneider Corey, et al., 2014, pp.312-315）

1 瞭解團體只是一種體驗或學習方式，其結束可能是新的經驗與看事情的開始。

2 瞭解改變是緩慢且細微的，不要希冀太大且迅速的改善。

3 不要期待以一次團體來改變人生。

4 決定將所學如何運用。

5 提醒成員保密的重要性。

領導者在最後一次團體需要做的事（Ehly & Dustin, 1989, p.106）

1 提醒成員此乃最後一次團體。

2 與成員一起檢視是否仍有未竟事宜需要處理。

3 領導者與成員給每位成員回饋（包含在團體中所完成的）。

4 討論印象深刻的活動及其影響或收穫。

5 領導者引導成員分享對於離開團體與團體結束的感受。

6 領導者決定是否做團體評估，蒐集成員的相關資訊。

7 領導者告知成員何時做追蹤的接觸，以及追蹤評估的重要性與目的。

8 說再見。

5-14 團體成員的發展與改變

一、團體成員的角色

團體裡面的成員可能有以下幾種角色（MacKenzie, 1990, cited in Staton et al., 2007, p.322）：

（一）**社交角色（social roles）**：營造溫暖人際關係，會與他人做緊密互動、關切成員。

（二）**結構角色（structural roles）**：組織成員，讓成員完成任務或抵達目標。

（三）**分歧角色（divergent roles）**：挑戰團體規約或領導者。

（四）**謹慎角色（cautionary roles）**：他們似乎不願意完全投入團體過程。

Capuzzi 與 Gross（1992, cited in Staton et al., 2007, p.323）則認為團體成員的功能有催化與建立（facilitate or build）、維持（maintain）與阻擋（block）等，這似乎與技巧有關。團體成員在參與團體之後，最先展現的就是其人格特質與人際模式，領導者也可以從中發現可以工作或聚焦的議題。

許多在人際關係上發生困難的個體，在日常生活中就遭遇到問題，卻遲遲無法做有效解決，他們可以在團體安全且支持的氛圍中，慢慢瞭解自己、學習人際技巧；有更多人雖然在人際關係上無太大問題，卻也可以在參與團體經驗中更瞭解自己的一些特質或習慣，去思考要不要做改變。

二、成員個性與開放程度

成員的個性及其是否熟悉團體運作，會影響到他在團體進程中的發展，不同成員或是熟悉團體程度不同的成員，在團體中的發展也各有差異。

倘若領導者在團體進行之前或是做成員篩選時，已經將團體進行方式與如何運用團體做了明確說明，成員也容易較早進入狀況，當然每位成員進入團體的動機不同，個性也有差異，有些成員較慢熟或試探期較久，這些都反映了他們在外面生活的人際模式。

當然如果成員是經由轉介而來的，甚至是一些法院機構轉介過來，強制執行的，其開放度也會受到影響，然而只要領導者相信團體的功能，願意慢慢引領成員有效運用團體，成員也會願意開放，收穫相對增加。

團體進行過程中，就如同團體的發展階段一樣，成員也會有所轉變，只是這些轉變較隱而不顯，成員在團體進行中也會提到這些轉變。

小博士解說

團體成員的改變從許多面向可以看出來，包括參與程度及承諾的改變，與人互動的情況，以及將自己在生活中的發現帶到團體中分享。當然，領導者在團體進行過程中，也可以用不同的評估方式來做瞭解。

團體領導「技能部分」的自評項目

☐ 我是否積極鼓勵成員參與團體。
☐ 我會觀察與認出團體過程重要事件。
☐ 我會留意且瞭解成員的行為。
☐ 我會釐清與摘要成員所說的。
☐ 我會將每次團體開始與結束做很好的處理。
☐ 必要時我會提供成員相關資訊。
☐ 我會示範有效的領導者行為。
☐ 我會做適當的自我揭露。
☐ 我會在團體中做適當的回饋（包含給予與接受）。
☐ 我會在團體中問開放性問題。
☐ 我同理成員。
☐ 我會面質成員的行為。
☐ 我會協助成員從自己的經驗中衍生意義。
☐ 我會協助成員整合與運用在團體中所學。
☐ 我展現合乎倫理的行為。
☐ 我協助團體朝目標前進。

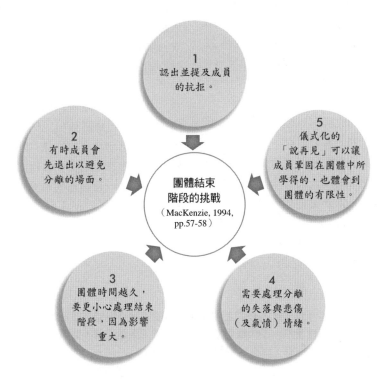

5-15 團體成員的發展與改變（續）

三、團體成員的發展

團體成員若是初次參與團體或是曾經參與團體，他們對於團體的運作與如何運用團體就會有差別；成員的個性或成熟度，也可能會影響他在團體中開放與學習的情況。當然也可能成員的開放度慢，或是因為團體動力與氛圍的因素，有些成員需要參加過幾次團體之後，才漸漸學會團體工作與功能。我也曾經碰過參加同性質團體多次的成員，無法有效運用團體，其實都需要追溯於其本身有些議題未解，因此一直在原地打轉。

成員的成長或收穫，主要評估方式就是團體目標與個人目標達成的程度有多少，然而也有許多相關因素參雜其中，像是成員參與動機（主動或被動）、願意投入（與承諾）多寡，是不是會將每次的團體經驗與自身經驗做連結與反思、將在團體中所學以行動方式遷移到日常生活等。

團體成員的成長可以從「認知」層面的改變進行到「採取行動」。在團體過程中，成員最大的改變是認知的理解與拓展，因為不同成員的分享，可以看見不同的觀點，此外看見有人成功解決問題，也會萌生跟進的想法，只是「跟進」需要勇氣與心理及資源的準備度。

在團體中的學習較個別諮商要豐富許多，很多成員在參與過一次團體後，像是上癮一樣，不斷繼續參加團體，彷彿團體成為自己生活中的一部分，相反地，也有人在參加過一次團體之後就敬謝不敏，再也不願意參與，這些都值得團體領導者思考：到底是哪一個環節出了問題？基本上，倘若許多個人議題沒有得到初步的解決，最好還是先做個別諮商做一些釐清與整理，然後再來參加團體，要不然這些成員最容易在團體中失控或崩潰，不僅無法獲益、也可能間接傷害了其他成員。

四、團體成員的收穫

團體成員的收穫通常與他／她願意投入團體與冒險的程度成正比，也就是當成員願意自我揭露越多、越深層，連帶要冒的險更多時，他們的收穫會更多。團體成員的收穫有哪些呢？在團體過程中，最先看到的就是自己與他人互動的模式，然後也會看到自己的個性以及他人眼中的自己是什麼模樣，將會更加瞭解自己。接著，成員會發現討論的議題觸及到自己或是自己的未竟事務，也願意去做改變。

小博士 解 說

在臨床上也看過一些團體成員進步的速率緩慢，縱使連續參與過許多團體，似乎還在適應階段，或許是成員個性使然，不太敢冒險，或是有個人議題未解，當事人卻不清楚，領導者可以做適當的轉介或說明，成員的學習與收穫會更多。

團體成員的發展 （Johnson & Johnson, 1994）

1 定義團體與建構團體過程。	→ **2** 遵守團體進行過程。	→ **3** 建立彼此的信賴感。	→ **4** 叛逆與展現不同。

↓

7 結束。	← **6** 展現成熟與具生產力的功能。	← **5** 承諾達成目標的責任、投身過程與對其他成員的承諾。

觀察到自己及他人的人際互動模式。

瞭解自己在他人眼中的印象。

看見自己想要做的改變。

覺察到自己的未竟事務。

瞭解自我。

成員的收穫
（不限於此）

看見人性的光明與黑暗面。

看見自己與他人經驗的共通性及關切議題。

瞭解自己在家庭中的位置（如出生序與父母親的對待）與受到的影響。

願意協助他人與自己。

5-16 促成團體改變的因素

一、促成改變的一般因素

團體最終目標是希望成員可以將在團體中所學運用到日常生活中，促成成員的改變，讓成員可以更接受自我、真誠過自己想要的生活。團體最重要的功能是成員彼此的互動與支持，因為人是社會的動物，雖然也有獨立的需求，但是心理健康的最好指標就是建立有意義的人際關係、懂得平衡依賴與自主。這不容易，卻是我們一生需要持續學習的功課。團體可以提供成員不同與豐富的學習，學會與不同背景的人相處，也建立自己的自信，團體還讓成員有歸屬感、支持力，在脫離團體這個舒適圈之後，還能有勇氣將所學實際運用到生活中、造成改變。

什麼因素會促進團體的改變？Gazda 等人（2001, p.49）統整了九項：

（一）觀察學習所謂的「健康行為」。

（二）普同的關切事項，也重新建構了每個成員的關切議題。

（三）有機會去瞭解事情的內在面向，導致有意義的頓悟產生。

（四）受到成員接納，能自在做自己。

（五）與他人互惠互動，展現無私的關懷。

（六）體會到「我們一體」的氛圍，可以消弭孤單。

（七）有機會測試自我挫敗想法的真實性，展現優勢。

（八）有機會發洩與疏通阻擋改變的情緒。

（九）曝露在社會關懷的環境，也滿足了人類基本互動的需求。

二、團體動力

團體是互動的性質，有所謂的「團體動力」（group dynamics）可以觀察，這一詞似乎很抽象，卻是具體可感知的現象，指的是團體讓人感受到的氛圍，是大家都投入其中，還是慵慵懶懶？是有活力績效，還是停滯不前？團體動力會隨著成員的投入與發展情況而變化，是雙向的，也就是說團體會影響裡面的成員，而成員也會影響團體的運作。領導者需要瞭解團體動力的情況，好調整自己在團體過程中可以使力的地方與方式。

有學者（Gazda, Ginter & Morne, 2001, p.35）定義團體動力為：「內在與外在力量在團體過程中開展，這兩股力量影響諮商結果與過程。」其影響甚至在團體結束後依然持續。團體動力會隨著團體進程而有變化，也受到團體進行的主題（成員是否感興趣）、成員狀況（身體與情緒），以及團體氛圍而有增減。

三、團體凝聚力

團體凝聚力是指成員集體表現出對團體的歸屬感，彼此間有情感的連結，為共同的工作而努力，即便遭遇挫折，也能夠維持團體的穩定性，且較能容忍歧異，整個團體是有建設性與生產力的（Lakin, 1976, cited in Gazda, 1989, p.72）。隨著聚會次數增加，信任與安全感增進，討論議題更深入，而讓團體凝聚力增加，成員會將參與團體當作是很重要的事，也期待團體的時間，甚至彼此在私底下會有更多的互動與瞭解，看見自己的力量，也願意協助他人。

內化團體經驗，帶著與團體連結的感受，在日常生活中做改變。

更具生產力。

能夠持續擔任團體成員，不輕易退出。

更能抗拒外在的負面影響力。

更願意嘗試去影響他人。

有凝聚力的團體
（Berg, et al., 2006, pp.176-177）

成員之間對彼此的影響較為開放。

能夠表達負面情緒，也遵守團體規約。

更能夠體驗安全感。

對自己的問題、行為模式與態度有認知上的頓悟。

對其他成員以及重要生命事件的正負向情緒表達。

體驗到強烈的情緒，不管有無表達出來。

其他成員表現出建設性的行為與態度，是參與者想要做到的。

造成團體成員改變的事件
（Forsyth, 1999, p.481-488）

觀察到其他成員的重要情緒經驗。

新行為的試驗，也從其他成員那裡得到回饋。

有希望感，以及道德敗壞感的減低。

自我揭露，瞭解他人也有同樣的問題，對自己的問題有所頓悟。

減少成員的自我中心，增加成員拓展觀點的能力。

從彼此互助中得到自信，也從成員的經驗分享中得到頓悟。

頓悟

普同感與希望

團體提供機會讓成員可以做社會比較、彼此支持，發現自己並不孤單，也不是無法解決問題。

促進團體改變的因素

自我揭露與情感宣洩

社會學習

團體提供社會學習、替代學習、人與人之間的回饋及指導。

團體因為成員自我揭露與強烈情感的宣洩，而舒緩壓力。

利他性

團體凝聚力提供成員去協助他人、被人協助，可以用來抵擋壓力。

（Johnson & Johnson, 1994, pp.483-486）

第6章
團體基本技術

6-1 團體基本技術

團體不是「在團體中進行個別諮商」，雖然許多的諮商技巧源於個別諮商，但是領導者需要專注的對象更多，人際敏銳度與觀察力都要更強，加上公平原則，必須要將注意力平均分給成員，因此所需要的訓練與背景要更紮實。

進行團體所使用的技術會隨著臨床經驗更多，或是自己的刻意練習而更精進，最重要的還是基本功（如傾聽、同理、詢問）。諮商技巧通常是從基本功開始，接著慢慢學習不同學派的特殊技巧，然後依據實際情況做適當修正與改良，最後諮商師也會研發出自己的特別技巧。諮商不是「技術」的工作，而是需要有真誠與熱誠，背後還要有堅固的理論基礎做靠山，這樣才不會誤用技巧，或是進行到一半無法持續下去。

使用團體的技術要注意自發性與研發，雖然領導者經驗與實務的累積，對於技術的使用可以信手拈來，但是要切記技術必須要搭配目的，領導者也會慢慢研發創新的技術，然而要留意創意也需要負責（Schneider Corey, et al., 2014），而不是單純的創意展現而已。

團體的關係是首要，然而也要搭配適當的介入技巧，才可以讓團體竟其功。而技巧之使用與領導者的「本人」多脫不了干係，因為選擇什麼樣的技巧與領導者的個性及領導風格有關（Schneider Corey et al., 2014, p.36）。

一、積極傾聽

積極傾聽是領導者最需要的技巧，只要能夠專注聆聽，通常就可以進一步瞭解成員，抓到陳述的重點，接著才能夠做適當反應。領導者傾聽的過程，會讓成員覺得自己被認可、被注意、被瞭解，也才容易打開心房。領導者要注意阻礙自己傾聽的障礙，像是急著接話、思考下一步該如何，或是對成員所說的有既定的看法或價值觀等。

二、情感反映

隨著成員所陳述的內容與非語言訊息，真確地反映出成員的情緒或感受，讓成員知道。情感反映需要領導者敏銳的觀察力，注意到成員所說的內容、表情與肢體動作等。像是成員說：「我真的不想來參加團體，我覺得很無聊。」領導者可以回應說：「妳覺得好像不能從團體裡獲得什麼，覺得很喪氣。」

三、釐清

聚焦在隱藏的議題，釐清疑惑或衝突矛盾的感受。像是成員說：「我很想去做，可是又覺得沒有能力。」領導者可以回應：「你想要做一些改變，但同時又擔心成果不是自己預期的。」

四、摘要

摘要可以使用在團體過程似乎停滯、不知方向時，也可以引導進入更深的討論。像是領導者說：「我們針對家庭的主題已經討論許多，好像不知道有哪些可以繼續做討論的。我不知道就大家的經驗，有沒有想要對家人做些什麼，來表達對家的貢獻與愛呢？」

團體基本技術一覽表

技術	說明
積極傾聽	將舞臺讓給成員，專注聆聽，注意語言與非語言訊息，不要理會下一步該做什麼。
摘要與情感反映	將成員明顯或是隱微未說的情緒表達出來讓他／她知道，也可以協助發言者對自己所說的更有覺察。
同理	站在成員立場思考他／她可能會有的情緒想法與做法，然後表達出來。
澄清	運用在團體初始階段相當有效，協助成員聚焦在深層的議題上，也找出混淆或衝突的感受。這樣也可以釐清自己是否理解成員所說的。問問題、語句重述或由其他成員來澄清，都是澄清的技巧。
摘要	將成員所表達的內容以自己的語言說出來，也可以藉此清楚團體要走的方向，甚至可以統整、理出或深入成員共同關切的議題或要點。摘要可聚焦，讓領導者決定是否停留在原議題上或是改變議題，也有助於話題的轉換。
催化	促進成員互動，這是領導者最重要的功能，主要目的是讓團體可以慢慢自行運作，成員可以充分體會到團體的動力與效能。
解釋	對某些行為提供適時適當的解釋，可以針對個人也可以針對團體。
詢問或問問題	多問「什麼」與「如何」的問題，可以引導與提升成員的覺察。
連結	主要是連結成員之間的溝通與互動，凸顯某個共同關切的議題或是共通點。
面質	面質不是攻擊，而是關心，當發現成員前後不一致，或者是語言與非語言訊息有差異時，可以適當使用面質技巧或挑戰。
支持與鼓勵	當成員進入陌生領域或議題，或在嘗試新行為時可以使用，能減少成員焦慮，也促使成員分享。但太快或過度的支持可能會讓成員產生懷疑。
阻擋	當成員之間有攻擊行為、洩密、侵犯他人隱私時，可以做適當的阻擋動作，並檢視行為背後的意圖。
評估	領導者有時候需要有辨識病徵或探詢行為肇因的能力，以做為必要處置的依據。
評量	評量團體進行的過程與動力，也可以教導成員做自我評量與團體評量，以做為後續的改進。
示範	讓成員清楚某些技巧或行為，最好就是由領導者親身示範，像是尊重態度、自我揭露、放鬆技巧等。
建議	提供成員發展替代想法或行動，可以以不同方式進行，如訊息提供、規定家庭作業或實驗。
開啟或引出	領導者主動對團體提供方向、結構，甚至採取行動、協助成員聚焦、修通障礙或解決衝突等，也就是開啟許多後續行動的先鋒，也有示範的意味。
結束	讓成員學習如何與個別成員或團體做結束動作，每次團體與團體最後結束時，都需要運用的技巧，甚至是結束某個討論議題。
資訊提供或小型演說	提供訊息或簡短的說明，可以讓成員有機會自領導者身上與接下來的討論中學習。
團體基調的設定	為團體建立一種氛圍，藉由領導者的行動、語言，以及容許團體內發生的情況來設定，物理環境的因素也很重要。
眼神運用	用來蒐集有關成員互動或個別的語言與非語言資訊，邀請成員發言或阻斷成員發言，也可以引導成員與其他成員有目光接觸。
聲音運用	用來影響團體氛圍、步調與內容，使用堅定、友善與自信的口吻，有時也要表現溫暖。
領導者活力	領導者自身的情況會影響成員的動力與團體氛圍，因此自我照顧很重要，也要在團體進行前調整好自己的精神與體力。
辨識盟友	找出領導者可以信賴、合作、有幫助的成員，可以帶領成員做適當的冒險、活動或討論。
自我揭露	能示範或教導成員如何做自我揭露，表示領導者也是一般人，經歷或處理過成員正在探討的議題。

（Jacobs et al., 2009; Schneider Coreyet al., 2014, pp.36-43）

6-2 團體基本技術（續一）

五、催化

　　領導者最重要的工作就是「催化」（facilitate），也有人稱團體領導者事實上就是「催化員」（facilitator），要讓團體成員彼此間有更坦承、真實、有意義的互動，因為「互動」就是團體的精髓所在。

　　團體成員從互動中學習最多，也是團體最重要的功能，而領導者最重要的工作就是催化成員間的互動。領導者協助成員表達自己的擔心與期待，協助營造安全與接納的環境，在成員嘗試新行為時提供鼓勵與支持，讓成員參與更多，讓成員間做直接對話與表達不同意見等（Schneider Corey et al., 2014, p.38）。

六、回饋

　　領導者示範給回饋的方式是：（一）正向回饋先於負面回饋，或是在兩個正面回饋間加入一個負面回饋，成員較容易聽進去；（二）給予明確具體的回饋，而不是抽象籠統的；（三）在團體初期多給予正面回饋，等到團體後期成員就較有能力接受較多的負面回饋，領導者要注意正負兩者的平衡；（四）成員較容易接受其他成員給予的回饋，而非領導者的（Riva, Wachtel, & Lasky, 2004, p.42）。

七、同理

　　領導者在積極傾聽的同時，設身處地站在成員的立場，將其表達出來的（言語與非語言訊息）以及隱藏未表現的感受說出來。領導者可以進入成員的內心世界，同時保持自己的獨立性。像是領導者回應說：「你剛剛表明了對父親的尊敬與愛，卻也有一些憤怒無法直接對他說出，包括他對待朋友比家人好的部分。」

八、解釋

　　領導者在蒐集相關資訊後，可以對成員或整個團體的某個行為或徵狀，提供暫時性的解釋或假設，像是說：「妳喜歡在大家都說完之後才發言，是不是妳是一個慢熟的人？或是較為小心謹慎？妳在生活上也是如此嗎？」、「感覺上我們這個團體有一個代罪羔羊，是不是大家都在迴避談論一個特別的議題？」

九、問問題

　　適當地提出「是什麼」與「如何」的問題，可以更深入探索經驗。領導者所提出的問題是可以讓團體進行更深入、有意義，而不是去質詢或拷問某人。像是：「不知道大家在體驗焦慮時，注意到自己身體有哪些反應？」或「今天我們團體似乎特別沉默，不像上次的熱烈氣氛，這是怎麼一回事？」

十、連結

　　領導者注意到成員間有共同的焦點或議題時，可以指出來，並做適當的連結，可以促動成員間的直接互動與普同感。像是領導者注意到小娟與怡樺對於親密關係的害怕，於是說：「在親密關係中我們都有相似的擔心，像是小娟提到的會不會失去自我，以及怡樺說的怕不能做自己，其他人的想法呢？」

 同理心步驟

| 仔細聆聽 | ⇒ | 展現出專注的姿態 | ⇒ | 用自己的話將成員所說做摘要 |

展現出專注的姿態
身體往前傾、視線在成員的肩部以上、臉部表情隨成員所說的而自然變化、問適當的問題。

用自己的話將成員所說做摘要
包含陳述內容、成員表現出來的情緒,以及可能有的內隱情緒。

是什麼(What)、在哪裡(Where)、是誰(Who)、何時(When)與如何(How)。

有選項的答案(如對或錯、是或不是),在蒐集資料或做量表填答時可以運用,或是做危機處理時很必要,然而也容易侷限成員的回應,無法周全或深入。

問題的種類

問5W的問題 / 閉鎖性問題 / 開放性問題 / 具體問題 / 隱喻或打比方的問題

有時候可以用隱喻或比喻的方式,讓成員做模糊投射,接著會有許多的解釋與討論。

可以用來探索進一步原因、成員的想法,一般情況下比較傾向以這種方式提問,但是也可能得到意外的答案(如「不知道」)。

不要用抽象或模糊的方式問問題,而是以具象、可觀察或評估的方式提問,像是「如果10是非常緊張,0是不緊張,妳給自己現在的分數是多少?」

讓當事人思考自己有過的成功經驗,或是擁有的有形或無形支持。

開場白、瞭解當事人此行目的。

問問題的適當時機

發掘當事人所擁有的資源時 / 諮商開始進行時 / 鼓勵當事人針對某個主題說明更詳細時 / 協助當事人聚焦或是更完整描述其感受、想法或行為時 / 協助當事人舉出具體事例說明關切的議題時

具體事實可以協助當事人鎖定目標與可能採取的行動。

可以獲得更清楚、完整的資訊。

可以釐清諮商師的迷思或假設,也讓當事人更清楚自己的目標。

6-3 團體基本技術（續二）

十一、面質

面質通常是發現到成員行為前後不一、言行不一的時候，也可以針對某個特定行為。面質時要注意聚焦在行為而非個人，分享對某人行為的感受而非批判。像是明華常常將焦點轉向較沉默的宜君，領導者就可以問明華：「你常常希望宜君可以多說一點，不知道宜君的沉默讓你感受到什麼？你要不要讓她知道為什麼她的發言對你很重要？」

十二、支持

支持有利有弊，可以有建設性或無建設性，太多的支持可能會讓成員認為自己無能力自我支持。當成員面對危機，或是嘗試改變碰到阻力時，領導者給予支持是很重要的，支持不一定用說出來的方式，而是讓成員可以感受到領導者與他們是同一陣線的即可。像是領導者說：「儘管前面的路很辛苦，妳還是不願輕易放棄，勇氣可嘉！」

十三、阻擋

通常是領導者發現有人可能受傷害，或是對團體無益時所做的處置，像是成員探人隱私、閒聊、洩密、不直接溝通、老是說故事或是質問某人時。像是領導者可以在華馨追問鳳英的戀愛史時說：「華馨，妳對鳳英的戀情似乎特別感興趣，但是鳳英的這些私事似乎不適合在這裡公開。我很好奇，妳想從鳳英的戀愛史裡知道些什麼？」

十四、評估

選擇適當的介入方式前，需要做評估動作，對於某成員的行為是否有益或有害團體，也需要做評估。像是成員若有意見不合或衝突，不是出手阻擋就好，有些衝突可以在團體裡發生，並在團體裡解決，也可以讓成員有不同的學習。

十五、示範

領導者需要示範一些行為，讓成員可以效仿或學習，知道如何運用團體，像是自我揭露、給予回饋等，甚至是一些想讓成員學習的技巧，如肯定訓練。

十六、建議

領導者不宜太早給建議，也不宜給太多建議，可能會造成成員的依賴，或是讓成員覺得自己無能力。給建議的方式有很多種，給予家庭作業、提供訊息，或是做一些體驗性活動都可以。

十七、啟動

當領導者想要引導成員的方向時，需要積極提供一些建構或採取行動。像是聚焦在成員的情緒表達、當團體感覺被卡住時、協助成員認出與解決衝突、連結不同的討論或主題，或是協助成員承擔起自己的責任等。

像是領導者發現某位成員一直在做智性的分享與討論，彷彿置身事外，就可以說：「　，妳常常提供成員許多不錯的意見，可見妳思考很多、很周到，只是我也想知道當妳遭遇到這些議題時，妳的感受如何？」或是發現成員似乎為了某個問題在爭執時，領導者可以說：「你們剛才各站在不同的角色看問題，提供了我們不一樣的觀點，原來主動分手與被告知分手都一樣痛苦。」

評估方式示例

過程或形成性評估

- 閉起眼睛想像一下，自己目前在團體中的顏色為何？是什麼樣的感受？
- 如果從 1 到 10，1 最靠近，10 是最遠，你目前跟團體的距離是多少？
- 以這張椅子為你進入團體的目標，目前你達到的程度如何？請站在你認為適合的位置。
- 你將在團體中所學得的運用在團體外的生活裡了嗎？有哪些？

結果或最終評估

- 如果還有同樣的團體，你願意加入的意願有多高？
- 你會介紹認識的人參加這樣的團體嗎？為什麼？
- 你在團體中的收穫為何？
- 在團體中令你感受深刻的事件與影響為何？

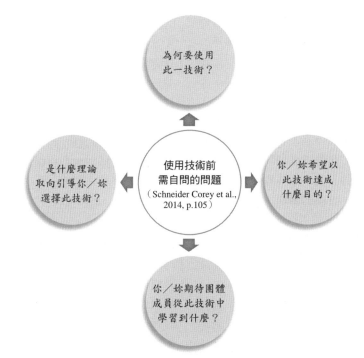

為何要使用此一技術？

使用技術前需自問的問題
（Schneider Corey et al., 2014, p.105）

是什麼理論取向引導你／妳選擇此技術？

你／妳希望以此技術達成什麼目的？

你／妳期待團體成員從此技術中學習到什麼？

＋ 知識補充站

　　「面質」是在團體氛圍夠安全的情況下可以使用的技巧之一，其目的是要讓成員覺察到自己的情況，也更進一步深入討論與瞭解。有人誤認為面質一定會起衝突，其實不然，通常只要領導者將所觀察的行為做中性、客觀描述，並加入自己的感受或想法即可，如：「我不知道這樣的情況是不是也會在你生活中出現？」成員其實容易接受。

6-4 團體基本技術（續三）

十八、結束

結束的動作是每次團體都需要做的，這樣也可以協助成員因應團體正式結束時的情況。雖然團體可能結構鬆緊不一，但是領導者將每次團體做很好的開始與結束是相當重要的。而在下一次進行團體時，也要記得將上一次團體沒有時間完成的「未竟事務」做解決。

每次團體的結束動作可以用：（一）摘要（摘錄此次團體進行的流程或討論重點）：在團體初期可由領導者來做，接下來就可以請成員輪流做；（二）結束儀式：團體可以自創每次聚會結束的儀式，像是將手疊起來呼口號；（三）詢問成員有沒有未竟事宜，或是領導者覺察到有無未竟事宜，可以移至下一回討論；（四）有時可以詢問成員下一次要討論的主題為何？領導者若發現團體內有待解決、討論的議題（如發現成員衝突檯面化了），也可以逕自提出；（五）也有團體將保密規則再重述一次，有成員彼此互相提醒之意。

十九、評量

領導者需要對團體做評估動作，看團體成效如何或成員有無達到目標，藉此可以做為改進團體效能之參考。評量可以在每次團體結束前做檢視，除了口頭上說明、以活動方式進行外，也可以量表或是設計回饋單來進行；在團體結束後，以及團體結束後 2 到 3 月做追蹤評量，是最適當的。

二十、其他

有些治療師與學者特別提到領導者本身的活力與專注，是協助團體順利流暢進行的重要因素，因此提到領導者聲音的使用也是技巧之一。高亢的聲音，讓人覺得有活力、希望，願意跟著領導，有時候需要運用低沉的音調，表達肯定或是制止，也可以用輕快的聲音，讓成員可以提振精神、換個思考角度。有時候領導者會帶領成員做冥想或是放鬆的活動，這時候的聲音品質就很重要，雖然也可以藉助市售的放鬆音樂協助，但是領導者的彈性運用這些放鬆或專注活動，也有助於團體進行。

運用團體技巧主要目的是協助成員積極投入及參與團體過程，也做有意義與建設性的討論或分享，因此領導者要時時將團體目標放在心上，同時盡量平衡團體過程與內容，技巧的運用也要適時而保持彈性，如果處置不當，可能就阻礙的團體的進程與動力，不可不謹慎。

小博士解說

有些新手諮商師誤以為只要技巧純熟，就可以領導有效能的團體。然而團體諮商是助人專業的一種型式，其影響較之個別諮商要更大、更廣，因此「心」還是最重要，沒有正確的心態而運用技巧，常常導致傷害。

1
技巧是連續性的觀念，而非「非有即無」。

8
選擇或運用某些技巧，也是領導者人格與領導風格的展現。

2
技巧需要被敏感且適當地使用，否則只是「匠工」而已。

7
技巧不可能與領導者分離。

領導者學習團體技巧的注意事項
（Schneider Corey
等人，2014, p.36）

3
透過訓練與督導經驗，學習技巧與做適當修正。

6
技巧並非分別獨立，而是彼此相關、有連結的，甚至是重疊的。

4
在接受督導下帶領或協同領導團體時，是獲取與增進團體技巧的最佳途徑。

5
團體領導者需要同時兼顧許多，觀察成員的語言與非語言訊息、環顧團體全部、跟隨不同成員的議題與內容，因此協同領導者可以減輕這些壓力。

鼓勵其採取行動

體驗式的

面質
的模式
（Berg et al.,
2006, p.70）

面質其弱點

對話的

面質成員優勢

+ 知識補充站

「立即性」（immediacy）：治療師將焦點放在「此時此刻」，描述與當事人之間的關係。

6-5 在團體進行時可採用的技巧或做法

一、採用輪流分享方式

團體進行之初，領導者總希望成員都可以參與，但是成員卻抱持著觀望的態度，評估自己要如何介入或介入多寡，因此有時候領導者會運用「輪流」的方式邀請成員分享。採用這種方式的目的主要是（Jacobs et al., 2009, p.188）：

- 建立自在、信任的氛圍與團體凝聚力。
- 讓成員聚焦在某個議題上。
- 蒐集資訊與集中成員的注意力。
- 轉移焦點到所有成員身上。
- 邀請沉默的成員加入。
- 加深討論程度與深度。
- 運用活動之後的討論。
- 摘要。

靈活運用分組討論也是不錯的方式。有時候請成員自行分組，可讓他們對彼此較自在，但壞處是可能每次都是同樣的人一組，分享的多元性就不高，因此偶爾領導者可以主動決定分組方式或逕行分組動作，背後要有很好的理由，像是讓彼此更熟悉、看見更多不同的論點、釐清可能的刻板印象或迷思。

二、何時使用阻擋技術

當某位成員所說的內容沒有重點、一直在說故事，或是避免深入話題時，再則是成員所說的不適當時，就需要使用阻擋技術。阻擋可以是溫和的，像是運用聲音、手勢、釐清的技巧，也可以強制、有力的，像是發現有人可能受傷或是爭執趨烈時。倘若領導者沒有適時介入做處置，成員就會開始懷疑領導者的能力，或是對團體失去信心，甚至爭執或是衝突的場面也會勾起有些成員的課題（如害怕衝突或怕被傷害），就會導致成員流失、討論不敢深入，以及團體動力大受影響。

三、家庭作業的運用

在團體中，若成員投入更多，相對地也會收穫更多。通常家庭作業是要延續諮商效果而設，此外，讓成員或當事人做一些可以勝任的作業，也是協助他們打破認知上的障礙，開始採取改變行動。家庭作業可以做為每次團體開始時的「暖身運動」，用來連接上一次的團體內容，也開啟本次團體的議題；成員在討論家庭作業時可以分享彼此的心得或阻礙，同時也醞釀改變的動力。有經驗的領導者通常會與成員商議可以做的家庭作業，並讓成員將團體中所學「遷移」到團體外的日常生活中。

家庭作業不一而足，主要是讓成員可以拓展在團體中所學，其形式可以是觀察作業、訪談、觀賞影片、找相關資料等，而「團體日誌」也是一項可以檢視與記錄成員進度的好途徑。「團體日誌」可以是成員個人的記載，也可以給領導者覽閱，或是讓成員都可以看到，主要視其欲達目的而定。

小博士解說

家庭作業最好是經過成員的討論才進行。在團體初期，領導者在規定家庭作業時，可以清楚說明作業想要達到的目的，然後詢問大家可達成的比例，倘若需要做修正，或是依成員情況而做調整，也可以即時提出。

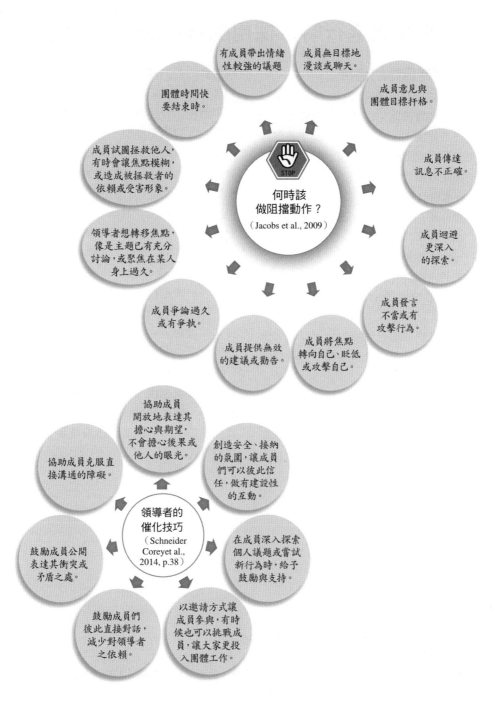

有成員帶出情緒性較強的議題。

成員無目標地漫談或聊天。

團體時間快要結束時。

成員意見與團體目標扞格。

成員試圖拯救他人，有時會讓焦點模糊，或造成被拯救者的依賴或受害形象。

成員傳達訊息不正確。

何時該做阻擋動作？
（Jacobs et al., 2009）

領導者想轉移焦點，像是主題已有充分討論，或聚焦在某人身上過久。

成員迴避更深入的探索。

成員爭論過久或有爭執。

成員發言不當或有攻擊行為。

成員提供無效的建議或勸告。

成員將焦點轉向自己、貶低或攻擊自己。

協助成員開放地表達其擔心與期望，不會擔心後果或他人的眼光。

協助成員克服直接溝通的障礙。

創造安全、接納的氛圍，讓成員們可以彼此信任，做有建設性的互動。

領導者的催化技巧
（Schneider Corey et al., 2014, p.38）

鼓勵成員公開表達其衝突或矛盾之處。

在成員深入探索個人議題或嘗試新行為時，給予鼓勵與支持。

鼓勵成員們彼此直接對話，減少對領導者之依賴。

以邀請方式讓成員參與，有時候也可以挑戰成員，讓大家更投入團體工作。

★ 註：催化技巧主要是協助成員達成其目標，領導者功能就是讓成員可以彼此互動、學習更多。

6-6 在團體進行時可採用的技巧或做法（續）

四、團體日誌的使用

團體成員若年齡在高中以上，可以善用「團體日誌」，顧名思義就是每次團體進行完後，成員盡快將此次參與團體的感受或回應記錄下來，其功能包括（Berg, et al., 2006）：

- 在團體時間外進行自我探索。
- 可以協助成員表達在團體中未表達，或未表達完整的感受或想法。
- 協助在團體中較難表達自己感受與想法者，也有其他管道可以表達。
- 領導者可以藉由日誌更瞭解每位成員。

當然團體日誌的閱讀對象可以是領導者，也可以是團體成員全體，但有其利弊需要考量。

若閱讀者是領導者，可以藉此與成員更貼近、瞭解每位成員，甚至可以思考接下來領導的團體需要改進之處，然而成員也可能將領導者當作知己，抱怨某些成員的行為或私底下的討論，企圖對領導者造成影響。

相對地，若是每位成員都是閱讀者，大家彼此可以更瞭解，也補足在團體中未竟事宜，然而也可能因為擔心所有成員都看見內容，而不敢說實話，反而讓團體停留在表面上，未能深入。

團體日誌也可以協助領導者看到團體對成員的影響，同時以不批判的方式評估成員自己的改變。

新手團體領導者可以善用「團體日誌」，一來是記錄自己參與團體的觀察與心得，二來是看看領導者展現的風格、技巧與處置方式，此外還可以記錄自己的學習與成長。

當然，有些學校的團體課程會要求受訓者在參與團體、協同領導團體或領導團體時，都做團體日誌的記錄與省思，這是相當有效，也值得繼續傳承下去的訓練方式。

小博士 解說 團體日誌的書寫

1. 盡快在團體時間結束之後就立刻下筆。
2. 聚焦在情感上，而不要談論他人或團體過程。
3. 盡量做具體描述。
4. 將日誌視為團體經驗的延伸，不是將其做摘要，而是可以做更深入的探索。
5. 延伸自己目前的感受，並探討可能動機。
（Berg, et al., 2006, p.146）

成員發生爭執時的處理

找出理想的討論或解決方式。 → 拿到團體中來討論,聚焦在「過程」非內容,讓爭執的雙方覺察自己的互動模式或爭執型態。 → 讓其他成員發表自己的觀察與看法。 → 重新讓爭執的雙方繼續討論,聚焦在內容上。

↓

領導者以平靜態度來討論此議題,聚焦在內容上。

若阻擋不了,讓團體先做休息。 ← 切換到另一個主題。 ←

引出成員發言的做法
(Jacobs et al., 2009, pp.177-180)

- 用溫暖和善的語調邀請成員做分享或回饋。
- 同時邀請兩、三位發言,較退縮的成員就不會感受到威脅。
- 以分組配對的討論方式進行,較害羞的成員會較願意分享。
- 以媒材(如畫圖、圖卡、完成語句、書寫或活動方式)做中介。
- 將活動最後落點安排在想邀請的成員身上。
- 以「繞圈子」方式邀請所有成員都參與。
- 用眼神或肢體動作來邀請。

✚ 知識補充站

「引出」是帶領成員發言的技巧,其目的有
1.使成員有更多的參與。
2.協助在團體中分享有困難的成員。
3.有助於成員做更深入的探討。

第 7 章
團體使用的活動

7-1 團體活動的使用理由、功能與種類

一、使用活動的理由

團體領導者可以運用一些活動，提升團體互動與深化團體討論。活動本身就需要做個人的冒險，而其互動的特色是可以影響個人或團體的，因此要特別考量三個互動因素（3P），那就是人（person）、過程（process）與目的（purpose），是否適合團體成員？是否適合此階段的團體？可否增進團體過程與內容？活動可以用來啟動（讓成員可以表達感受、自我揭露，或是協助成員鎖定討論議題方向）、催化（促進成員互動）與結束團體（協助成員將所學運用在未來生活中）（Trozer, 2004）。

但是要切記：活動的功能與使用的目的，可以用來暖身、介紹要討論的主題，但不是團體最主要的部分，不能反客為主，若領導者太依賴以活動開場，也會讓成員養成依賴心態，反而阻礙了成員的自發性與自主性。在團體中使用活動要考慮兩個因素：活動是否與團體內容或過程的主題相關？活動要讓成員學習到什麼（DeLucia-Waak, 2004）？

二、團體活動的功能

Jacobs 等人（2009, p.206）認為團體活動可讓團體更具意義與有趣。理由為：

- 增加成員自在的程度。
- 提供領導者有用的訊息。
- 引發討論或讓團體聚焦。
- 轉移焦點。
- 深化討論。
- 提供成員機會做體驗式學習。
- 提供樂趣與放鬆。

三、團體活動的種類

Jacobs 等人（2009, p.206）提醒：團體活動要注意個人化（personalizing）與過程（processing），才能發揮最大效用。以下就活動種類分別說明與舉例（Jacobs et al., 2009,pp.209-231）：

（一）寫作活動

完成句子（如「我現在在團體裡的顏色像是……」）、列表（如列出自己目前擔任的角色）、反應句子（如「寫出自己的墓誌銘」）、日誌（可以讓成員記錄團體經驗與心得，可以在團體中分享或不分享）等，可以知道成員對某些主題的反應，也讓成員在分享前有機會先做思考，對於一些較不擅於在團體前發表意見者，可以先做準備，較不容易焦慮。

（二）移動活動

移動的活動可以讓成員都參與，體驗一些身體動作，而不是用談論的，可以讓成員伸展一下身手等，如換座位（如「大風吹」讓成員可以熟悉彼此）、走動（如「相似圈」，讓成員可以更瞭解彼此）、價值評估（可以以站立位置的方式，讓成員評估自己在團體中的位置、自己特質的評估等）、家庭雕塑、個人空間（看每個人與人自在的距離為何）等。進行移動的活動時要注意：有些人（如老人或行動不便者）不適合，以及注意活動的安全性（如移開椅子等物品，不要讓成員受傷）。

使用創意活動的優勢 （Gladding, 2000, cited in Trozer,2004, p.85）

 劣勢

1. 在某些情況下可能不適合。
2. 可能演變成巧妙手法、無實質意義。
3. 對大多數藝術家無效。
4. 對於情緒不穩的成員可能無效。
5. 需要時間可能過長，採用其他建設性方式更佳。
6. 可能會讓成員太沉浸在自我或自省裡。

1. 適用於多元文化背景。
2. 可以提振精神、重啟活力。
3. 提升頓悟與自我覺察。
4. 在不同層面上做溝通。
5. 好玩又不具威脅性。
6. 開放選擇。

 優勢

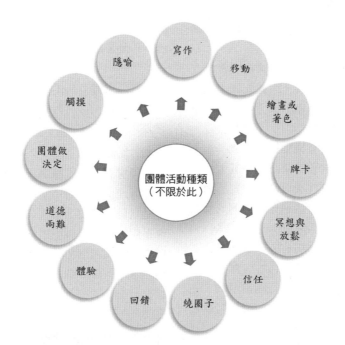

+ 知識補充站

　　使用移動的活動要注意空間是否足夠或安全，像是有團體進行「信任走路」的活動，就必須要移開可能的障礙，有的在團體室外進行，更要注意安全。此外，若是運用繪畫或是書寫的活動，有些成員不善長繪畫，也要尊重其意願，改用寫的或說的。一般說來，書寫的工作都較耗時，也不被喜愛，因此要注意使用的動機。

7-2 團體活動的種類

三、團體活動的種類（續）

（三）使用兩兩或小組討論的時機與功能

1. 可以讓成員較為自在，尤其是在團體剛成立之時，成員彼此之間不熟悉，覺得在團體中發言不自在，或是有人較為內向、害羞，採用兩兩或三人小組的方式討論，可以減少不自在感。

2. 當討論需要更深入時，若在全體團體討論，有時候礙於時間因素或議題，較不能做深入的討論，此時若可以分成小組做討論，時間上較充裕，也可以讓討論更深入。

3. 團體人數較多，有些議題若直接在團體中討論會較費時，因此先讓小組討論，然後再帶到團體中來分享，可以讓成員都充分討論到，也可以同時做分享。

4. 讓有些成員有機會彼此互動。有些成員可能擔心自己的想法不被其他成員接受，或者是有些成員常常對對方有不同看法，可以讓這些意見不同的成員有機會彼此互動，理解對方不同的觀點。

Jacobs 等人（2009, p.197）認為兩兩討論可以讓成員：氣氛較自在、熱身與提升精神、傳播訊息或進行團體活動、完成某一主題的討論，讓有些成員可以聚集在一起討論或分享、提供成員與領導者互動的機會、改變團體進行方式，以及讓領導者有機會去思考。

（四）繞圈子

讓成員可以經由簡單的方式（如同意或不同意）瞭解成員的意見或想法，也可以讓某位成員面對大家，瞭解每位成員的想法。

（五）創意的活動

像是利用橡皮圈提醒自己釋放壓力，以椅子替代內在的小孩與之對話，完成語句、故事接龍，或者是折鐵線來代表自己的生命線等，都需要領導者的直覺與創意。

（六）藝術與手工活動

繪畫、剪紙、黏土等，這些活動可以激發興趣，讓成員以不同的方式表達自己，甚至是在成員以口語分享之前進行這些活動，可以激發討論與分享。藝術創作是以投射方式來表達成員的感受、思想與經驗，特別適用於受過創傷、經歷悲傷或臨終的兒童。

（七）幻想活動

由領導者帶領成員進入幻遊，常在成長團體或治療團體中使用，成員們會更清楚自己的感受、希望、懷疑與害怕。像是想像自己是環境中的一個物品，想像自己身為這個物品的感受、生命中的角色等，也可以做「假裝」的遊戲，假裝自己去訪問一位智者，會尋求怎樣的協助。

（八）一般的閱讀活動

不管是詩詞、一篇短文或是一本書，都可以引導成員的討論、發表自己的感受，也可以聽到不同的解讀與觀點。

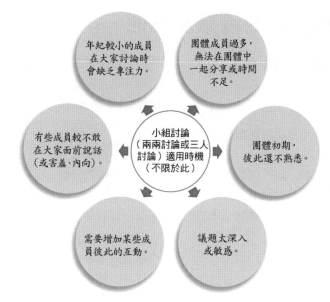

小組討論（兩兩討論或三人討論）適用時機（不限於此）

- 年紀較小的成員在大家討論時會缺乏專注力。
- 團體成員過多，無法在團體中一起分享或時間不足。
- 有些成員較不敢在大家面前說話（或害羞、內向）。
- 團體初期，彼此還不熟悉。
- 需要增加某些成員彼此的互動。
- 議題太深入或敏感。

完成語句示例

1. 我很擔心 _____
2. _____會讓我害怕，因為 _____
3. 雖然 _____但是 _____
4. 我很喜歡分享，只是 _____
5. 我覺得 _____很需要勇氣，因為 _____

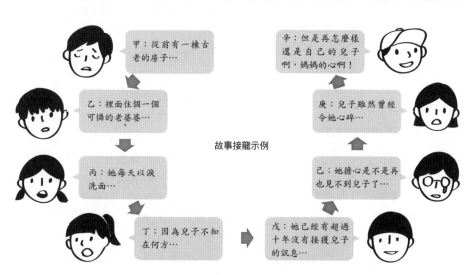

故事接龍示例

甲：從前有一棟古老的房子…

乙：裡面住個一個可憐的老婆婆…

丙：她每天以淚洗面…

丁：因為兒子不知在何方…

戊：她已經有超過十年沒有接獲兒子的訊息…

己：她擔心是不是再也見不到兒子了…

庚：兒子雖然曾經令她心碎…

辛：但是再怎麼樣還是自己的兒子啊，媽媽的心啊！

7-3 團體活動的種類及其他

三、團體活動的種類（續一）

（九）回饋活動

聽到別人對你／妳的看法，會讓成員釐清自己的迷思或是自我挫敗的想法，對自己會有新的認識與定義。像是談談對彼此的第一印象，以一個形容詞來形容對方，或是讓成員討論某位成員，利用「優點轟炸」，或是以隱喻、書寫的方式給予回饋。

（十）信任活動

可以用「信任跌倒」、「引導瞎子走路」或是「繞圈子」討論的方式，來評估成員對團體的信賴程度。

（十一）體驗活動

以活動或是實際行動的方式，讓成員真實地感受，通常會挑戰或試驗成員的感受，倘若要在室外舉行，也要注意安全。冥想可以是放鬆活動，也讓成員做初次體驗與自我的接觸。

（十二）道德兩難活動

以故事或是假設的方式提出問題，讓成員去思考，有時候會呈現出自己的價值觀排序。像是「救生船」活動，將哪些人救上來的決定。

（十三）團體做決定的活動

呈現一個待解決的問題，拿到團體中來討論。像是若世界要毀滅了，你／妳的諾亞方舟上要載哪些人？理由為何？

（十四）觸摸活動

有時候觸摸是一種體驗或探索的方式，也是人類的需求之一。但是做觸摸活動時要注意：成員的自在性如何？是否適當？確定每個人都瞭解即將進行的活動，也都願意參與，若有人不願意參與也可以豁免；有時候觸摸有性的暗示，也要留意。

四、其他可以使用的活動

（一）隱喻的活動

在團體初期，成員彼此不熟悉，因此要深入探討所關切的議題會有困難，可以藉由隱喻或是投射性質的活動來進行，免除直接表達的針對性與尷尬。像是在請成員介紹彼此時，可以請成員用喜歡的水果、植物、顏色或動物等來取代，成員就容易將自己喜歡的特質或自己的特質展現出來。倘若成員很難表達或做描述時，也可以用類似的方式來進行，之前我帶「家庭議題」團體時，請成員就「自己的家庭像什麼」來做繪圖或描述，有成員就說：「像缺了一塊的蛋糕。」（家中少一位成員）或是「像一個五線譜。」也說明了家庭中清楚的位階與彼此關係。

（二）冥想活動

冥想也可以是體驗活動，在兒童與青少年團體每回進行之初，來個小小的冥想活動，可以讓成員的心境較沉穩，準備好進行團體。在一般成人團體中，我也發現花個五分鐘做冥想，可以協助成員定下心來，將團體外的一些紛擾先暫時擱置，也有提神、清醒的效果。一些減壓或舒壓的團體，也常常在正式進行團體之前領導成員做冥想，同時也練習冥想的技能，讓成員可以更精熟，成為舒壓的能力之一。

1
找一個不受干擾的安靜空間，盤腿或不盤腿都可以，讓自己以輕鬆姿勢坐下。

2
閉起眼睛，專注在自己的呼吸上，可以提醒自己吸氣、吐氣。

3
專注呼吸，感受氣體在身體內的流動，從鼻孔到肺部，再從肺部到鼻孔，感受到暖暖的氣體，甚至是腹部的起伏。

4
偶爾不專注沒有關係，記得回到呼吸上，記得自己在呼吸時想到什麼。

5
呼吸覺察之後，可以拓展其他感官的覺察，如嗅覺或聽覺，甚至到自己身體內在的感受，包括覺察到不舒服的部位，注意那個感受是愉悦、不快或中性的，也注意其強度如何，盡量不做情緒性的反應，就讓它這麼經過。

6
停留在覺察本身，去看、去聽、去感受，讓它出現、停留與消失。

7
記得稍不小心失焦時，把自己拉回到當下。

冥想活動示例

放鬆練習示例

1
找一個不受干擾的舒適環境坐下來。

2
將雙眼閉起來，想像自己在一個沒有壓力的自在空間，身心靈都可以安頓的情況下，開始進行放鬆練習。

3
現在從頭開始，先慢慢感受到頭部的重壓，緩緩移動到頸部與雙肩，然後是身體軀幹、手臂、臀部、大腿、小腿到雙腳，每個部位都沉甸甸地。

4
請跟著我的聲音，從頭部慢慢放鬆，好像有一雙溫柔鬆暖的手，在那裡輕壓、按摩，那種舒服讓頭部的重壓消失了，那雙手也慢慢地從頭部往下移動，經過僵硬緊繃的頸部，頸部不再感受到僵硬，而是放鬆後的輕柔彈性，頸肩部分也因此得到舒緩，雙肩沉墜下來，有意想不到的輕鬆。雙臂也是如此，可以很舒服地放下，不會有痠痛或緊張，來到肘部與手腕、手掌，到每一根指頭，都可以輕鬆舒展與移動

5
整個身體你感受到沉甸甸地放鬆，舒服自在從臀部慢慢延伸到大腿、膝蓋、小腿與腳掌，好像有一股暖意在爬升。

6
想像一幅讓你喜歡的景象或圖畫，不管是風景還是人物，甚至只是一面牆、一種顏色，停留在那裡，盡情享受。

7
等到你認為可以了，就慢慢回到現場。

7-4 其他活動及使用活動的風險

四、其他可以使用的活動

（三）牌卡的創意使用

除了在研究實證下研發的牌卡（如生涯卡）外，現在市面上也有許多創意研發的牌卡（如情緒卡），都可以藉由領導者的創意做不同目的的使用，目前流行的桌遊也有人做創意使用，像是對於自己未來家庭的想像等。只要記得為何使用牌卡，不要忘記團體目的即可。

（四）讓成員自行做創意的活動

因為團體是成員們的團體，因此不需要領導者事事規範或引導，當團體進入工作期，或者是彼此信任度足夠時，領導者也可以放手讓成員自己思考做一些創意的作業或活動，像是「對家人做一件溫馨舉動」，就可以讓成員有極大的發揮空間。

（五）分享紀念品或對其有意義的物品

請成員帶來對其有重要意義的物品、文章或歌曲等，讓成員在團體中分享。在帶領老人團體時，通常會請成員帶來自己成長的照片或物品，讓成員在分享的同時感受到時代性的普同感，也緬懷自己過去生命中的重要事件與人物。

（六）畫生命線

以簡單的一張紙與一枝筆，就可以讓成員以線條方式畫出自己目前的生命線。生命線有曲折（或高或低），象徵著生命的成功喜悅與挑戰，也請成員在重要的標示處，簡單寫下生命重要事件以及對自己的影響，然後在團體中分享。

（七）團體過程評估活動

領導者在團體進行中常常要進行評估，包括成員對於團體的感受、準備度或信任度等。領導者可以邀請成員用口頭說明，或是借用現場的一些材料來進行。像是直接以一個抱枕（當作「團體」）為標的，請成員依照自己距離團體的感受分別站立，接著就可以討論為什麼站在這個位置？或是以抱枕來代表不同成員，讓成員自行擺放目前自己在團體中的位置是如何？若要往前進，可能還需要什麼條件等。當然最簡單的莫過於讓成員思考自己目前在團體中的顏色，然後進行討論「為何選擇這個顏色？代表的意義為何？」

五、使用活動的風險

然而使用活動也有風險，DeLucia-Wakk（2004）提到：成員可能會依賴領導者與活動，缺乏彼此互動與自發性；常常採用活動的領導者可能是對於團體將發生什麼事很焦慮，通常也凸顯了領導者不知將團體帶往何處。採用活動也需要注意團體成員組成為何、團體規則、團體發展階段、活動目的與團體氛圍（Mears, 2004）。許多信心不足的領導者（尤其是新手領導者），常常運用媒材或是使用活動方式來進行大部分團體，卻流於膚淺或不具焦；雖然媒材的中立性與主觀性，可以引發成員許多的創意與聯想，但是若缺乏核心概念，這樣的團體只是花俏而已，通常未能達成想要的目標。

畫生命線示例

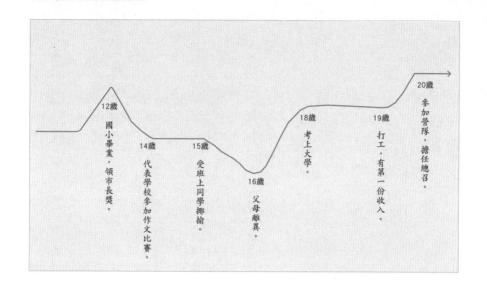

12歲
國小畢業，領市長獎。

14歲
代表學校參加作文比賽。

15歲
受班上同學揶揄。

16歲
父母離異。

18歲
考上大學。

19歲
打工，有第一份收入。

20歲
參加營隊，擔任總召。

以抱枕表示與團體間的距離

✚ 知識補充站

團體所進行的活動主要是以團體要達成的目標為主，可以藉由活動後的討論連結主題，做更深入的探討。有時候團體剛開始的暖身活動或收心（專注）活動也有其具體功效，可以讓成員沉澱心情或是將心態準備好，有些團體甚至會研發固定的開始與結束儀式，這些也都可以接受。

第 8 章
團體過程可能出現的問題

8-1 領導者常犯的錯誤

一、領導者常犯的錯誤

（一）說太多話

有些領導者將團體視為個人的，因此常常將團體變成「個人秀」，三不五時就插話，或急著給回饋，這不僅表現了領導者焦慮、霸權，也讓成員形成依賴、不能自主。

（二）沒有耐性

領導者需要有很高的「情緒智商」（EQ），其中最重要的就是耐心，耐心進行團體過程，不要急著「跑完」自己所設計的活動或計畫，因為團體過程與結果同樣重要，有時候過程甚至比結果更重要，尤其是支持性或是心理教育性團體。

（三）不尊重成員

有些領導者個人權力慾太重，也喜歡掌控全場，以為團體是個人的，因此不注重團體成員的互動與分享，也喜歡插嘴，提供自己的意見或判斷，甚至帶著偏見看成員，這樣的方式很容易讓成員流失，團體凝聚力變差，是一個失敗的團體。

（四）缺乏彈性

有些領導者太理想化，總是認為自己設計的團體行程完美無缺，未將現實情況考量在內，也沒有準備「備案」計畫，萬一團體進行的情況非其預期，有的甚至會中止團體的進行，甚至擅自決定暫停團體，讓成員摸不清頭緒。

（五）團體無法深入

團體領導者很擔心自己的能力，也害怕失控，所以不敢深入探討議題；新手領導者可能因為經驗缺乏，不知道該如何引導成員做深入之討論，也或許害怕成員進入不舒服的領域，會有情緒上的波動，因此總是停留在表面。團體效能會因此而大打折扣，團體也無法影響成員做改變。

（六）怕得罪人

領導者想要討好成員，因此即便發現團體氛圍怪異，卻也不敢用立即性技巧加以探索，甚至是發現成員之間已經有衝突或暗潮洶湧，還是以忽略的態度帶過去，這當然會影響團體動力，甚至會讓成員退回到觀望、分享極淺的階段。此外，有些成員會開始測試領導者的底線，領導者卻不敢就此議題面質或處理，領導者的專業度與能力會被嚴重質疑。

（七）個人議題出現

儘管許多領導者在帶領團體之前，就已經自行做好自我整理，認為自己準備妥當了，但是團體就像一個小社會，會觸碰到的議題太多了，有領導者就發現團體進行過程中，自己認為「已經處理」好的議題再度被掀開，才發現自己有待努力，於是就在督導的建議下，繼續做個別諮商，進行自我整理。

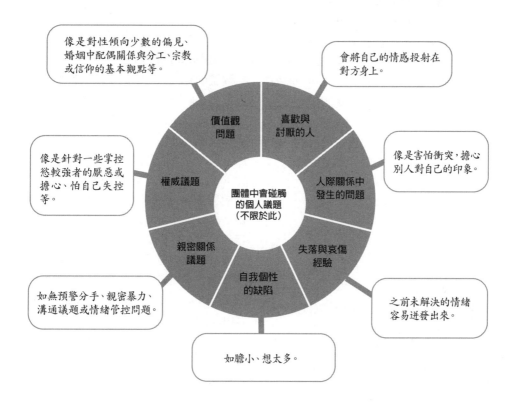

像是對性傾向少數的偏見、婚姻中配偶關係與分工、宗教或信仰的基本觀點等。

會將自己的情感投射在對方身上。

像是針對一些掌控慾較強者的厭惡或擔心、怕自己失控等。

像是害怕衝突,擔心別人對自己的印象。

如無預警分手、親密暴力、溝通議題或情緒管控問題。

之前未解決的情緒容易迸發出來。

如膽小、想太多。

價值觀問題

喜歡與討厭的人

權威議題

人際關係中發生的問題

團體中會碰觸的個人議題(不限於此)

親密關係議題

失落與哀傷經驗

自我個性的缺陷

✚ 知識補充站

　　新手領導者常常拘泥於自己設計的團體議程、缺乏彈性,這樣的結果可能造成團體變成領導者自己的,而非全體成員的。此外,領導者會擔心議程跑不完,所以在進行時就有時間的壓力,其實只要主要的活動能夠做完,並做相關的分享,就已經達成目的了。

8-2 領導者常犯的錯誤及團體的有效性

一、領導者常犯的錯誤（續）

（八）個人性格之展現

雖然說領導風格與領導者性格與喜愛的取向有關，但是倘若領導者自我知識不足，可能很快在團體過程中就發現自己的性格、處事態度與人際模式，而有些是會造成帶領團體的困難的，需要自己誠實的檢視與進一步改善動作的跟進。有極少數的領導者，知道自己怯弱、無自信，卻強裝擔任強勢領導者的角色，結果就是團體成員感受到其嚴重的不一致，對團體失去信心。

（九）合作議題

有協同領導者時，很容易看出彼此是否適合一起工作。有時協同領導者不是自己主動選擇的，也許是課程需要或是機構政策，讓兩位不熟識的人帶領團體。領導者在知道之後，必須要花時間給彼此，瞭解對方與培養默契，談一談自己喜愛的理論取向，以及在團體中較舒服的合作模式，畢竟有準備總比沒準備要好。而在團體進行中，也需要承諾時間與心力在不斷地溝通、討論與協調上。

（十）使用他人設計的團體方案

有時機構（如醫療院所）為了便利起見，或者是政策關係，讓所有的團體領導者都使用同一方案（如戒毒團體），其進程都已經設計好，但是不同的領導者還是可以依據成員的需要、團體的氛圍，做彈性調整，即便進行的項目都一樣，但是如何進行、讓團體達到目標，才是最重要的。

二、團體的有效性

團體的有效性受到諸多因素影響，理論取向是影響最小的，主要端視以下的因素是否是最佳組合：團體前訓練、成員特性、治療因素、團體結構、團體發展階段，以及所選擇的介入方式的適當性等（Gazda et al., 2001, p.83）。

團體領導者通常會在團體結束之後做追蹤，以團體形式或個人訪談方式進行都可以，主要是想要瞭解團體的成效如何？需要改進的有哪些？因此有學者建議應該在團體過程中考慮到以下幾個問題（Smead, 1995, cited in Gazda et al., 2001, p.91）：

（一）要怎麼決定成員是因為團體經驗而改變？

（二）如何決定你的目標達成了？

（三）你預期的追蹤程序是什麼？

（四）誰會收到團體的評估結果？

（五）評估資料要如何保存？

（六）誰可以接近這些評估資料？

（七）你怎麼評估領導者的表現？

當然，這些問題只是建議，並不適用於所有的團體，因此應該依照需要做適度調整或修正。

小博士解說

有學者（Blanco et al., 2014, p.46）建議，舒緩新手諮商師焦慮的方式是培養其真誠的態度。鼓勵受訓學生與當事人在一起時要更專注，也注意與當事人的連結，因此也挑戰了學生的自我覺察能力與一致性。

- 行為調整
- 認知精熟度
- 鼓勵面對恐懼
- 冒險
- 努力
- 示範
- 練習
- 現實測試
- 成功經驗
- 修通

行動因素

支持因素

治療成功
因素
（Lambert & Ogles, 2004, p.173）

學習因素

- 情緒宣洩
- 認同治療師
- 減少孤單
- 正向關係
- 再三保證
- 壓力釋放
- 建構
- 治療同盟
- 治療師／當事人積極參與
- 治療師的專業
- 治療師的溫暖、尊重、同理、接納、
  真誠、信任

- 建議
- 情緒經驗
- 類似的問題體驗
- 認知學習
- 矯正性情緒經驗
- 回饋
- 頓悟
- 理念
- 內在架構的探索
- 個人效能的期待改變

✚ 知識補充站

　　個別諮商與團體諮商最大的不同，在於治療師面對的當事人數，雖然團體諮商的許多技巧還是源自個別諮商，但是領導者的專注力、彈性、連結與催化能力是最重要的，甚至需要有敏銳的觀察力與勇氣，願意協助成員去探索更核心的議題。

8-3 團體過程中可能會出現的問題

一、成員流失

　　再好的篩選程序或方式，總是不免有失誤之處，因此有些成員即便順利成為團體中的一員，也可能後來提早退出團體或是不再出現。成員的流失率若太高，也是造成團體失敗的重要因素，通常一般的諮商團體若成員少於 4 人，其互動品質就下降許多，甚至不能進行團體。

　　成員突然就不出現，甚至聯絡不上，會帶給團體一些後遺症（類似「未竟事務」），因此，領導除了事先積極聯絡這位失聯成員，瞭解其情況之外，如果此成員已經決定不繼續參加團體，最好可以讓此成員來跟團體做「結束」的動作。有些成員願意親自來與其他成員說明與告別，有些可能無法親自前來，那麼可以邀請對方以自己可以採用的方式（如寫一張卡片）來向成員說再見。這個「說再見」的動作對退出的成員或是其他團體成員都是很重要的。

二、成員違反團體規約

　　有些團體雖然規定了不缺席或不遲到的原則，但成員還是會偶爾違犯，就將此議題拿到團體中討論，也尊重團體最後做成的決議。有些團體可能規定若缺席 2 次，就請成員退出團體，有些團體為了因應成員可能無法在限定時間內趕來參加團體，就可以協商是否將團體開始時間延後（像 10 分鐘）。

　　雖然原則上希望參與的成員對團體有承諾與責任，最好是每次都出席，也對團體有貢獻，但是人生無常，有時候就是有偶發事件出現。缺席 1 次，下次團體就要為缺席的成員摘要上次的團體內容，倘若每次都要為缺席的成員做摘要，也會讓成員不勝其煩，況且許多團體動力的情況也不是短短幾分鐘就可以描繪全貌，而這樣的摘要也可能耽擱了其他成員的時間。

　　成員若在團體外討論團體給予他／她的成長是可以的，但是不能談論細節或是個別人物，倘若有人發現，也要拿到團體中討論該如何處理或善後，因為這樣的行為是破壞團體的信任度與保密原則。倘若同樣的事情還繼續發生，可能請此成員離開團體會較為適當。

　　團體的共守規約是可以隨著時間做調整的，而不是在第一次團體訂下來就不做更動。

小博士解說

團體規約是團體成員一起訂定的，因此基本上成員都會願意遵守，然而若有成員違反規約時，第一次可以先討論此規約之適當性，看是否需要調整，而不是依規定就無法更改。此外，若有成員違反第二次，也要在團體中做討論，甚至可以訂出罰則，若已經不能約束，是否需要請該成員離開團體？這些也都要團體成員一起決定。

一般的團體規範

1. 準時出席，不遲到早退。

2. 積極參與及分享。

3. 以尊重、接納的態度，聆聽他人的分享與意見。

4. 有任何想法盡量在團體中分享，不要在團體外討論。

5. 可以在團體外分享自己在團體中的收穫，但是不宜提及任何事件或人物，謹守保密原則。

6. 不以言語或其他形式攻擊他人。

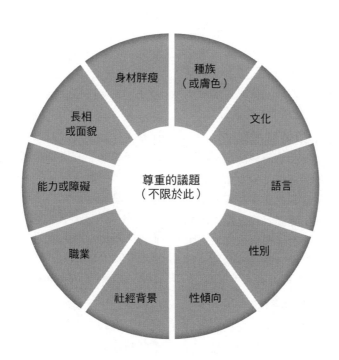

8-4 團體過程中可能會出現的問題（續一）

三、團體中出現小團體

有些成員因為個性相似或是有某些特質（如愛說話或主動者）、價值觀相近，就可能會無意識地組成一個小團體，有時甚至會霸住團體時間，最受到挑戰的就是保密原則。領導者意識到有小團體形成時，要以尊重與公開方式來處理，甚至進一步處理「不同」與衝突的解決方式。小團體若還是繼續停留在團體中，問題不大，怕的是小團體似乎與整個團體格格不入時，就會阻礙團體發展。

處理方式主要還是讓小團體瞭解團體的主要目的為何？每個人可以學習與貢獻的方式為何？提醒成員有關團體規則，以及坦承的互動與分享，還有可能傷害團體與成員的行為有哪些？也需要將小團體的情況拿到團體中來討論，或者是用角色扮演或互換方式，讓成員瞭解小團體的存在對團體整體的可能傷害。

四、成員在團體外發展關係

有些成員可能會因為彼此吸引，而在團體外發展其他的關係（如友誼或是親密關係），這些最好都能夠在團體中討論，因為這樣的小團體容易違反團體的規約（如保密），對團體造成傷害，萬一這些成員彼此之間有衝突或嫌隙，可能就會影響團體進行或動力。

五、成員在團體中衝突

即便篩選了成員，仍不能保證團體可以進行順利成功，因為每位成員都是特殊的，彼此之間有不同的想法與感受是正常，偶爾會因為意見不同或是解讀錯誤，造成衝突，就要做立即的處理。然而有許多不合或衝突是隱匿的、在檯面下進行，領導者就要有敏銳度覺察到不同，提出來做適當的討論與解決，要不然也會是影響團體成效的關鍵因素。倘若衝突太激烈、處理無效，那麼就可能讓其中一名成員退出團體較為適當。

六、權力之爭

健康的團體權力是均攤的，隨著團體的進展，成員開始會自發性地互動，不需要領導者的指定或點名，這也是領導者下放權力的表現。然而，在團體進展中，成員也會慢慢脫離舒適圈，不像之前被動配合領導者，而是開始有「分離個體化」的嘗試，也就是團體氣氛讓成員們覺得自在，可以提出不同的意見或觀點，當然某些部分也顯示了成員的個性。有些成員會搶著領導者的工作來做，有些則是直接挑戰領導者，指出領導者的不是。領導者不必將其「個人化」，而是當作團體成員進步與成長的徵兆，倘若領導者認為這是與領導者的「權力抗爭」，可能就會失焦，也將團體帶入競爭與混亂的局面。

有效能的領導者不會害怕成員的挑戰，而是可以藉此瞭解該成員背後的動機或動力，協助成員瞭解自己。

七、成員退出團體

成員退出團體的因素有許多，不一而足，有客觀或主觀的因素，有不可抗拒或是自己選擇的原因，都會對團體造成影響。團體領導者也都要針對成員流失做一個「結束」的解決動作，然後再繼續進行團體。

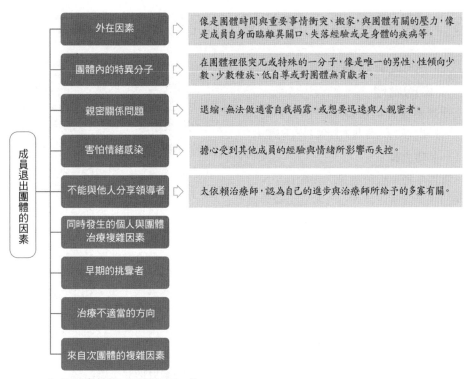

成員退出團體的因素

- 外在因素 ⇨ 像是團體時間與重要事情衝突、搬家，與團體有關的壓力，像是成員自身面臨離異關口、失落經驗或是身體的疾病等。
- 團體內的特異分子 ⇨ 在團體裡很突兀或特殊的一分子，像是唯一的男性、性傾向少數、少數種族、低自尊或對團體無貢獻者。
- 親密關係問題 ⇨ 退縮，無法做適當自我揭露，或想要迅速與人親密者。
- 害怕情緒感染 ⇨ 擔心受到其他成員的經驗與情緒所影響而失控。
- 不能與他人分享領導者 ⇨ 太依賴治療師，認為自己的進步與治療師所給予的多寡有關。
- 同時發生的個人與團體治療複雜因素
- 早期的挑釁者
- 治療不適當的方向
- 來自次團體的複雜因素

＊註：通常成員退出的原因不只一種。

（Yalom, 1995, p.225）

＋ 知識補充站

　　團體中總會有些人，可能當初就認識而結伴前來，或者是後來在團體中變得較親近，甚至有些團體可能是讓伴侶結伴而來（如親密關係團體或家長團體），而這些成員在團體之後會分享一些心得是很正常的，只要不提及團體內發生的事件或人物，基本上這樣的分享是被鼓勵的。有些成員很熱心，會想要將在團體中所學與感受和他人分享，領導者最好每次進行時，都特別提醒保密的重要性，以及其對團體的影響。

8-5 團體過程中可能會出現的問題（續二）

八、不同成員特質與領導者可以做的處理

在團體中會出現以下這些特質的人（但不限於此），有些對團體具有破壞力：

（一）救火員

團體中最早出現的是「救火員」，這樣的成員通常較為熱心，希望可以炒熱團體氣氛，也希望可以解除成員緘默、領導者尷尬的場面，所以經常在領導者說完話或進行分享時，首先發難。「救火員」也可能是較不能忍受沉默的人，所以會搶先說話，化解沉默的團體氣氛。當然，「救火員」的角色也反映了他／她在人際關係中與人互動的模式。有效的團體領導者會隨著團體進程，慢慢讓這些救火員稍稍停下腳步，多一些觀察與自省，不必強迫式地讓自己衝上第一線，並從這樣的學習中領會自己的人際模式需不需要做適當修正。

（二）慢熟型成員

一般的成員加入團體之後，通常需要花一段時間觀察團體，甚至學習怎麼當一位稱職的團體成員，因此不會急著發言或做回饋，可是隨著團體進行，這些慢熟型成員會做適度的冒險，也漸漸相信自己的自發性，不會再遲疑或觀望。

（三）沉默者

有時候一個團體之中會出現較慢發言的成員，這些成員通常是等到大家都說過話了，才在同儕或領導者的壓力下貢獻自己的意見，偶爾還是保持緘默一直到那一次團體結束。領導者當然不能強迫每位成員都發言，也需要配合不同成員的步調，對於團體中經常保持沉默或是很少給予回饋的成員，領導者基本上還是站在邀請的立場，三不五時回過頭去邀請他表達自己的想法或感受。

（四）不斷地轉換主題

有些成員可能不想碰觸一些主題，但基本上還是會參與，給其他成員回饋；還有一些成員習慣性地將主題做轉換，或者是脫離主題，領導者可以將主題拉回來，或是邀請其他成員就這樣的議題做討論，也可以面質方式將領導者的觀察以客觀陳述說出來，如：「曉娟，我發現在談論某些議題時，妳會一下子就轉開焦點，跳到其他話題上，我不知道妳自己有沒有發現這一點？」

（五）試圖掌控或主導討論

有些成員的主控性強，表現得像個領導者，甚至有「越俎代庖」之勢，這也反應了成員本身的個性或人際模式。領導者不需要與其做權力之爭，因為會犧牲掉團體成員的福祉；而應以阻擋或截斷的方式，讓討論可以回到其他成員身上，也可以描述對這名成員的觀察給他／她，要注意不是攻擊或批判，而是引導對方可以看見自己的一些行為，做思考或反省。還可以讓這名成員站在團體中間，詢問其他成員對他／她在團體中的表現與影響，如：「我在團體中的表現，讓你／妳感受到……？」，記得不要讓成員做攻擊或批判，而是聚焦在感受與影響，如：「有時候我很高興你／妳願意先跳出來發表自己的想法，只是有時候我也想聽聽其他人的意見。」領導者可先做開頭或示範。

團體出現的不同成員

✚ 知識補充站

企圖主導討論議題或團體的成員，首先展現了他／她的人際模式（總是想居於主導地位），也可能是展現了他／她的焦慮（如害怕失控），在主導的同時也可能會急於窺探他人隱私，讓對方覺得不舒服。

8-6 團體過程中可能會出現的問題（續三）

八、不同成員特質與領導者可以做的處理（續一）

（六）總是與他人聊天，不專注在團體議題的討論上

有時候這樣的成員會找固定的成員聊天，甚至形成一種「小團體」（也就是他們所聊的話題不想在團體中討論，或是他們所談的只有他們瞭解在說什麼，或是談某個特定的人），對團體會形成很大的破壞力。領導者可邀其在團體中分享，倘若其不願意，則可將這樣的情況拿到團體中討論，切記勿將其變成「公審大會」。領導者也可以重申每個人在團體中所獲得與其願意開放分享有關，而其他成員也很願意從他們身上學習。

（七）害羞或退縮的成員

有些成員較不願意在團體中分享，或是會害羞，那麼不妨以兩兩一組的配對方式進行小討論，然後再帶到大團體中分享。若該成員還是害羞，則可以請其分組的夥伴做摘要或是心得分享。利用不同的媒材或是書寫方式來替代發言，也是不錯的做法。然而隨著團體過程的進行，還是希望每位成員都更有意願在團體裡分享。

（八）對領導者或成員生氣

有些成員會將自己對重要他人的情緒投射到領導者或其他成員身上，這就是所謂的「移情」，或者是成員對於權威人士總是會去挑戰或是激怒對方，這些行為都可能出現在團體中，當然也有可能是成員測試領導者的一種方式。領導者可以引領他／她思考這些憤怒的理由是否有跡可循，還是成員本身有未解的議題需要處理。

（九）強迫他人發言

有些成員似乎擔任起領導者的責任，會質疑其他成員不夠投入，貢獻團體太少，或者是少分享，讓人覺得不公平，他們就可能會強迫某些人發言，甚至會強迫成員執行他人給的建議，這些都會造成負面的結果。領導者需要阻止這樣的行為，因為有潛在性傷害。要讓成員回歸到自己的決定上，決定要分享多少、冒險多少。

（十）對成員傳教或做道德批判

有些成員或許是因為信仰或價值觀的因素，對於他人的一些行為（如「開放性婚姻」）持不同意見，甚至會公開批評，這時領導者可以提醒成員去傾聽不同的意見與價值觀，雖不贊成，但是可以接納不同，因為每個人有不同的生活方式，也必須予以尊重，成員或許會質疑一些考量，如伴侶的反應與權利、是否會傷害到他人，都可以提出來討論。

（十一）抗拒的成員

這些最常在非自願型成員裡出現，不願意合作，也漫不經心。領導者要知道，抗拒是正常的現象，不要將其「個人化」（認為是針對自己），而是可以抽離一段距離去思考：抗拒代表的意義是什麼？可以如何修通？可能對成員與團體來說都是加分。

價值觀衝突示例

＋ 知識補充站

　　有些成員或基於信仰及個人價值觀緣故，常常會與其他成員有辯論或衝突出現，即便領導者積極介入，請他／她可以尊重他人發表不同想法的權利，但是可能處置無效，此時該成員可能就會退縮，不再積極參與，而其他成員也可能因為類似事件發生次數過多，也對團體失去了信賴。領導者除了口語上的尊重與制止之外，的確需要更多有創意的介入策略。

8-7 團體過程中可能會出現的問題（續四）

八、不同成員特質與領導者可以做的處理（續二）

（十二）不喜歡其他成員

有些成員會不喜歡某些成員，通常是在他／她不喜歡的成員發言時，會有一些非語言訊息表現，像是玩弄物品、嗆聲、轉頭不願意注視該成員等。領導者可以提醒，或許未來仍會遭遇到自己不喜歡的人，但是依然要學會與他們共處，是不是現在可以開始學習？不喜歡的人可能也是自己的未竟事務之一；或是人生的功課，需要做處理。

（十三）偶爾參加或突然不參加團體

倘若團體有經過篩選，加上領導者在事先提醒成員不遲到、不缺席的原則，基本上再加上團體第一次時就擬定團體共守的規則（如成員可缺席 1 次，若 2 次以上則請其退出），就可以約束成員，並讓其做適當的承諾。不管是遲到、早退或缺席，都可以納入團體規約來討論與決定。倘若第一次就不出現的成員，其空出的名額若做遞補，基本上是可以的，因為較不會影響團體的運作；對於中途突然不繼續參加的成員，基本上就不補足空出的名額，而且最好請其現身說明，並與成員道別。

九、沉默的功效

團體剛開始時，會有較長的沉默，這表示成員想要從「外面世界」調整到團體中，心態與情緒上需要做調適。短暫的沉默是可以容許的，領導者可以試著協助成員調整步調，慢慢進入團體中。新手領導者很怕沉默，因為沉默蘊含著其他的意義，像是：成員對我所帶領的活動（議題）沒有興趣嗎？還是覺得我很無聊？有些新手領導者有不切實際的期待，像是要成為完美無缺的領導者，希望所有成員都會喜歡自己，只要成員的反應不如預期，就會批判自己。其實，沉默有其功效，就像是精采的演說也需要休息一下，讓聽眾可以反芻。

（一）沉默在團體中的意義

團體初次進行時，因為大家彼此不熟悉，或是還不太清楚如何運用團體，就有可能陷入較長的沉默裡。新手諮商師會很擔心沉默的情況，有經驗的諮商師除了瞭解沉默在團體中的可能意義之外，還可以將其帶入團體中來討論或思考。

有時候即便是進行很順利的團體，也會突然之間出現沉默的情況。領導者不必驚慌，甚至要慢慢練習可以接受沉默的產生，進一步則可以與成員一起探討目前這個沉默的意義。

（二）沉默的處理

諮商師該如何處理沉默？ Berg 等人（2006, pp.233-234）建議思考以下幾個問題，就可以做更好處理（也可參考第五章表格）：

1. 對於這個沉默，我覺得自在嗎？為什麼？
2. 團體成員是否對此沉默覺得不安？我又是如何得知的？
3. 成員是因為沉默而沒有真正參與團體嗎？
4. 沉默對團體的意義為何？
5. 哪些非語言訊息反映了團體過程？

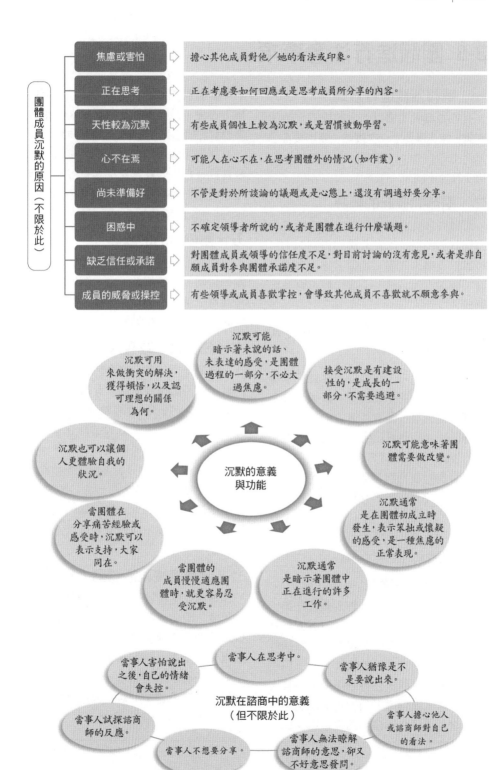

團體成員沉默的原因（不限於此）

焦慮或害怕	⇨	擔心其他成員對他／她的看法或印象。
正在思考	⇨	正在考慮要如何回應或是思考成員所分享的內容。
天性較為沉默	⇨	有些成員個性上較為沉默，或是習慣被動學習。
心不在焉	⇨	可能人在心不在，在思考團體外的情況（如作業）。
尚未準備好	⇨	不管是對於所談論的議題或是心態上，還沒有調適好要分享。
困惑中	⇨	不確定領導者所說的，或者是團體在進行什麼議題。
缺乏信任或承諾	⇨	對團體成員或領導的信任度不足，對目前討論的沒有意見，或者是非自願成員對參與團體承諾度不足。
成員的威脅或操控	⇨	有些領導或成員喜歡掌控，會導致其他成員不喜歡就不願意參與。

沉默的意義與功能

沉默可能暗示著未說的話、未表達的感受，是團體過程的一部分，不必太過焦慮。

接受沉默是有建設性的，是成長的一部分，不需要逃避。

沉默可用來做衝突的解決，獲得頓悟，以及認可理想的關係為何。

沉默可能意味著團體需要做改變。

沉默也可以讓個人更體驗自我的狀況。

沉默通常是在團體初成立時發生，表示笨拙或懷疑的感受，是一種焦慮的正常表現。

當團體在分享痛苦經驗或感受時，沉默可以表示支持，大家同在。

當團體的成員慢慢適應團體時，就更容易忍受沉默。

沉默通常是暗示著團體中正在進行的許多工作。

沉默在諮商中的意義（但不限於此）

當事人害怕說出之後，自己的情緒會失控。

當事人在思考中。

當事人猶豫是不是要說出來。

當事人試探諮商師的反應。

當事人不想要分享。

當事人無法瞭解諮商師的意思，卻又不好意思發問。

當事人擔心他人或諮商師對自己的看法。

8-8 團體進行注意事項

一、解釋團體進行方式

有些領導者習慣以一定的模式來帶領團體，像是摘要上一次團體、開場暖身、進行主題討論、回饋等，有些領導者則每次設計不同。

二、團體間彼此的稱呼

團體間彼此的稱呼可以叫名字或是對方同意的綽號，而在談論時提到對方，可以以「第二人稱」（你／妳）為之，而不要說「他／她」，這樣較不會有距離感。

三、不要以「一問一答」的方式進行

團體剛開始時，成員很容易會與領導者有「一問一答」的情況，這樣也會忽略了其他成員。領導者最大的功能在於「催化」，因此可以將成員所提的做適當的連結，或是邀請其他成員參與討論。領導者也要注意到其他成員，有時候儘管是一位成員在發表意見，眼神也可以掃過其他成員，而不是只放在發言者身上，這樣也讓其他成員可以效仿，稍後也可以提醒成員注意這一點。

四、團體的結構性

通常團體剛開始時，特別是那些第一次參與團體的成員，可能以領導者馬首是瞻，此時領導者就會讓團體的結構性強一些，主導或掌控的較多，教育與引導功能較重。結構強可以提供成員較大的安全感，而領導者的教育與示範，也可以增近成員在團體中的表現與貢獻。

然而隨著團體發展持續進行，領導者將權力慢慢下放是很適宜的做法，特別是對教育性與治療性兼顧的諮商團體。

有些領導者可能因為個人性格因素，較喜歡掌控，因此其結構性就較強，有些領導者則較隨性，結構性就不那麼堅固，這也提醒領導者要注意適當的彈性。

五、團體目的的轉變

領導者可能對每次團體都預設一個欲達的目的，即使如此，當次團體的討論可能有一個以上的目的，或是隨著團體進展而有目的上的改變。

六、成員太多或有人羞於分享時

在團體進行之初，許多成員仍持觀望態度，較不能積極參與，此時可以運用「繞圈子」（每個人都會輪到）或是「分組」（兩人或三人）方式進行分享或討論。小組中的討論較無壓力，而且也必須要分享，還可以讓成員慢慢熟悉彼此。有時候領導者可以刻意將一些人做分組，像是讓同樣遭遇的人一起討論，或是讓不同意見的人在一塊分享，可以達成不同目標。

七、領導者檢視團體動力情況

領導可以持續檢視成員在團體中自在的程度，看看成員在團體中的「位置」或感受如何？檢視方式不一而足，像是可以用「量表」問題（如 1 到 10，1 表示最自在或距團體最近，10 表示最不自在或距團體最遠）、站在遠近位置，或是用抱枕（放置距離）等表示。

問題成員 （Berg, et al., 2006, pp.206-214）

控制

需要高度掌控，尤其是在面對自我議題的探索時，很怕失控或是情緒崩潰。

逃避

會選擇與其他成員隔離的座位，其他成員容易因為他/她而感到挫敗，有些逃避型成員還會挑剔他人，或缺乏問題解決技巧。

依賴

過度社會化或妥協，常常是討好人的角色。

和事佬

另一種依賴型成員。傾向於逃避有助成長的衝突，而採用打岔或轉換話題的方式。

協調者

比和事佬更甚一級。常常越俎代庖，像是非正式的團體協調者，常常替團體或成員服務。

小丑

表現出討好他人的行為更明顯。表現適當時很幽默，也可以減輕團體焦慮，但是太常用笑話或愚蠢動作來消費真實而有意義的人際交會，就會影響團體運作與效果。

拯救者

只要有衝突或不舒服的情況出現，拯救者就會出手，有時候會讓被拯救者顯得無能，或無法為自己承擔責任。

問題解決者

常常提供常識來解決問題，只著重在表面上的問題解決，卻無法深入內在去觸碰真正的議題。

可憐傢伙

習慣處於自憐狀態，希望獲得注意或憐憫，而藉此控制他人。

強迫說話者

常常插話、給建議，或是把焦點轉向自己，這種行為常常是侵入性的，會惹惱成員。

操控者

在團體中表現出主動的抗拒，企圖掌控團體以達其私人目的，社交技巧佳、習慣討好人，也極力想獲得他人之贊同。

理智者

仰仗自己的認知能力來獲得控制，他們相信只要有足夠的知識與資訊就可以做改變，他們超愛協助人，也有些是有其個人目的者（如宗教、藥物濫用）。

攻擊者

這是新手領導最害怕的成員。此類成員感覺到自己被排擠、需要遵循團體規約的壓力，因此常常挑釁或表現叛逆。

造成無聊的團體行為

- 陳腐庸俗：討論微不足道或平庸的議題、重複的故事與笑話。
- 被動：參與低、很少發表意見，或在團體要結束時才發言。
- 冗長乏味的言論：說得很慢、無主題，或是太多細節。
- 分心：談太多過去歷史、很容易岔題，或是容易因小事激動。
- 情感淡漠：缺乏熱情、說話聲音單調、避免眼神接觸。
- 無聊的討好他人：刻意又笨拙地搞笑、釋出善意，或讓人印象深刻。
- 嚴肅：不笑、表情正經。
- 負面的自我中心：老是抱怨自己的問題。
- 自我陶醉：對他人議題興趣缺缺，總是談到自己或自己的問題。

（Leary, Rogers, Canfield, & Coe, 1986, cited in Forsyth, 1999, p.108）

8-9 團體進行注意事項（續一）

八、話題聚焦在某個議題上的時間多長？

領導者判斷討論主題是否適宜時，通常需要注意：主題是否與團體目的有關？成員對此主題是否有興趣？這個主題已經討論多長時間？以及主題之前是否討論過（Jacobs et al., 2009, p.144）？話題聚焦在某個議題上一段較長的時間是可以的，因為要讓議題充分被討論與分享，然而若是聚焦在一個人身上就不是很恰當，容易變成在團體中做個別諮商，也占據了團體其他成員的時間，讓其他成員覺得不公平。

大多時候是成員本身轉移了討論焦點（岔題），但有時需要領導者做焦點轉移。倘若領導者在應該轉移焦點卻沒有做到時，隨著時間流逝，要轉移就變得更困難。焦點可以轉向不同主題、成員或是活動。

九、團體結束

每次團體都應該要做適當的開始與結束。藉著每次開始與結束團體的技巧，可讓聚會之間有連貫性，協助成員將在團體中習得的新行為遷移到日常生活中，而藉著評估動作，也讓成員可以自行持續做評估（Schneider Corey et al., 2014）。每次的團體結束前要預留時間，讓成員有機會檢視此次的團體過程與內容，因此可以使用簡單的摘要或評估，而且不需要由領導者來做。Schneider Corey 等人（2014）建議每次團體結束時

可以這麼做：

- 讓成員帶著沒有解答的問題離開是可以的，成員也可以持續思考與瞭解問題，因為團體不是讓人舒服而已。
- 讓成員檢視此次投入團體的程度如何，也可以瞭解團體的動力。
- 請成員敘述自己從與其他成員的關係中學習到什麼？或請其他成員回應該成員的行為改變情況。
- 讓成員帶作業回去完成，若有不能完成的理由，也要做適當討論與決定。
- 詢問成員是否有下回想要討論的主題？
- 讓成員彼此給回饋（我會讓成員給予領導者回饋，也順便讓領導者可以改進）。
- 詢問有無未竟事宜。

團體再怎麼完美結束，總是會留下若干遺憾，這也是每一個人必須要面對的議題。有些團體是一次性的，或是有一段時間的，在處理這些團體的結束議題時，可能比較簡單，但是團體進行越久，結束就更不容易。

在學校裡，許多成員認為在團體結束之後，大家還會再碰面，所以對於最後一次團體也不會有太多的不捨或失落感受，然而因為這樣可以分享、隸屬的團體已經不在，還是會有需要處理的部分，偶爾也會觸及一些成員對於結束、分離的未竟事宜，因此提早做準備或適當處理，對成員來說也是很重要的。

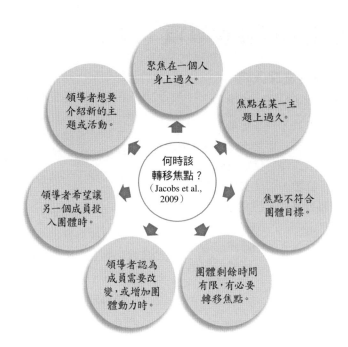

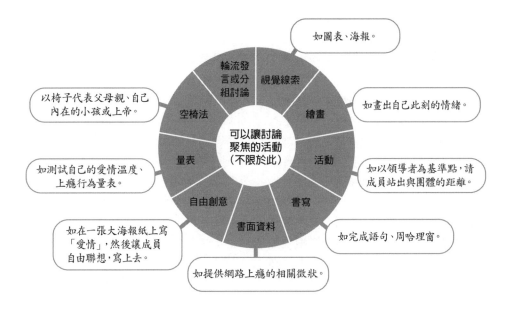

8-10 團體進行注意事項（續二）

十、團體討論無法深入時

（一）團體無法深入討論的原因

團體成員間的互動不只是每個人都說完話或分享完畢即可，而是可以慢慢引導或示範，讓成員之間可以更自然且自發地分享或給予回饋，即便有些成員認為自己無法分享或是他人已經說過，不妨就自己傾聽的心得給予回饋或發問。

有時候團體成員針對某一議題已經討論多次，似乎無法再深入，可能的原因有許多（不限於此）：

1. 成員對議題已經缺乏興趣。
2. 領導者缺乏有關此議題的背景知識，無法帶領成員做更深入探索。
3. 成員對此議題不熟悉。
4. 成員擔心此議題若再深入，可能無法控制，因此有所抗拒。
5. 團體即將結束，成員知道無法做充分討論，因此開始自制。

有時團體領導者或成員間不敢就某位成員所說的進行提問，領導者可能擔心成員沒有準備好或無法承受，成員可能擔心對方的感受，或怕引起其他成員的反應，可能就會讓團體停留在表層、無關痛癢的討論上。

當然團體是否要深入探討，有時視團體型態與目標而定，像教育性質團體可能就不適合。要深入討論也要顧慮到團體進行的階段或團體動力的程度，此外也要注意時間上是否允許成員做充分的討論。再者，領導者本身的專業知識不足，也不適合導入更深入的討論，可能會引發不可收拾的局面；還有，若成員沒有準備好要做更深入的討論也不適宜。若在團體初期，因為成員彼此熟悉度不足、團體凝聚力不夠，就無法做深度的討論或分享。而時間若不足、討論未完成，可能讓成員懸掛在那裡，沒有結束的感覺，而下一次的團體氛圍也許不適合這樣的討論（Jacobs et al., 2009）。

（二）領導可以採取的策略

倘若遭遇到議題無法再深入的情況，領導者可以做些什麼呢？

1. 問適當的問題或做活動，引導成員做深入討論。
2. 摘要團體目前在此議題討論的面向，催化新的討論焦點。
3. 聚焦在某成員身上，引導其做更深入的討論。
4. 拋出問題，詢問成員在團體中自在的程度，以及未能深入討論的可能擔心。
5. 面質成員不能深入討論的可能因素。
6. 請成員說出或畫出（像是以 1 到 10 的量尺）目前在團體中分享的深度，以及自己願意分享的深度。
7. 領導者要注意自己是否對此議題有相當的認識與瞭解，也要留意文化背景的可能差異（有些文化不鼓勵一些議

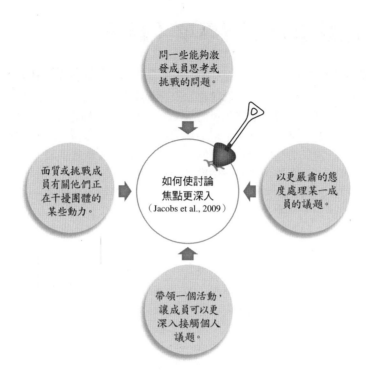

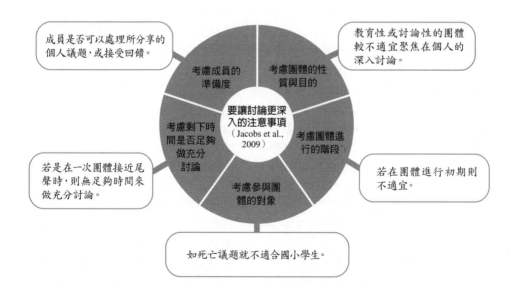

8-11 團體進行注意事項（續三）

十一、成員出現抗拒

　　抗拒是自然的，任何人在新的環境都會不自在，因此團體領導者遭遇成員的抗拒是團體諮商的一部分。抗拒不一定會有負面效果，當成員體驗到對團體的抗拒，可能表示團體即將進入另一個層次。領導者要留意自己的感受，因為這些感受是很好的線索，讓我們可以省思抗拒的可能原因。新手領導者常常有不切實際的期待，一旦團體進行的情況不如預期，就容易感到挫敗或失望，也失去客觀性。只要能夠瞭解抗拒的原因，領導者就不會將其個人化，或讓自己承受太多的責任（Berg, et al., 2006）。

　　成員的抗拒在團體的轉換期間最常發生，Schnider Corey 等人（2014）建議：抱持好奇的態度去探索抗拒的原因，以不防衛的方式去處理抗拒最佳，抗拒通常與信任或安全感有關（Berg, et al., 2006, p.200）。有時要成員嘗試新的行為，自然會有抗拒出現，領導者可以分享自己的觀察或經驗，並自問以下的問題（Berg, et al., 2006, pp.200-201）：這個抗拒的本質為何？這個抗拒表示什麼？這位成員對日常生活的改變也是如此反應嗎？其他成員對這個抗拒的反應如何？這個抗拒行為是被支持還是反對？我的反應如何？這位成員的行為反映了領導者與成員間的衝突嗎？

　　領導者也可以將抗拒以「重新架構」的方式來處理，提供另一個觀點給成員。像是：「對於親密行為，我們會有許多的擔心，但是不是也表示我們對於它的重視與珍惜呢？」

十二、成員的同異質性

　　每個團體都是多元文化團體，有「異質性」的本質（Berg, et al., 2006, p.248）。雖然團體因為目標不同，參與成員的同質性高低及收穫皆不同，然而也有需要注意之處：

- 倘若年齡層分布極廣，成員可以從不同成員身上聽到不同的生命經驗與智慧，但年齡分布過廣也會有問題，像是一位年逾半百者參與大部分是二十出頭年輕人的團體，許多的時代與經驗因素，易讓這位長者覺得格格不入，而其他成員也較難體會其心境。

- 不同性別者可以在同一團體中獲益良多，然而若是一、兩位女性參與男性為主要成員的團體，可能讓男性表現出更多性別刻板印象的行為，包括不輕易做自我揭露，或在女性面前做競爭，反之，若一、兩位男性參與以女性為主的團體，有可能成為代罪羔羊，或是男性也較不願意參與團體。

- 成員同質性高可能造成團體停滯不前，但同質性過低，也會產生溝通或關係上的問題。還是要思考：團體的目標為何？再決定成員的同質性高低。

- 成員的經驗與背景不同，領導者可提醒與示範尊重與「不知」（願意就教與學習）的態度，讓成員獲益更多！

- 若成員因立場（如宗教信仰）或價值觀不同，在團體中起衝突，就需要在團體中做解決，坦承與釐清自己的立場，並溝通與學習；如果衝突存在，卻是隱微、不浮出檯面的，領導者也要有適當的敏感度，協助成員去探索。

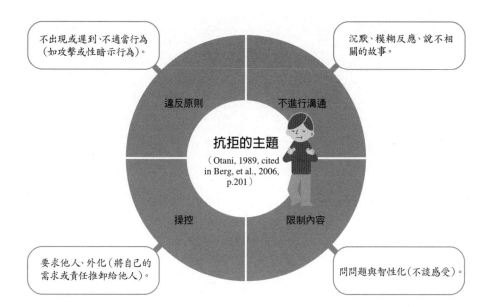

不出現或遲到、不適當行為（如攻擊或性暗示行為）。

沉默、模糊反應、說不相關的故事。

違反原則

不進行溝通

抗拒的主題
（Otani, 1989, cited in Berg, et al., 2006, p.201）

操控

限制內容

要求他人、外化（將自己的需求或責任推卸給他人）。

問問題與智性化（不談感受）。

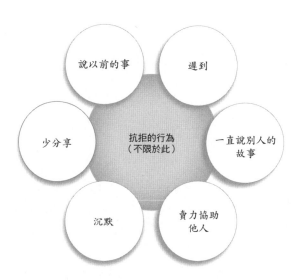

說以前的事

遲到

少分享

抗拒的行為
（不限於此）

一直說別人的故事

沉默

賣力協助他人

✛ 知識補充站

團體督導可以做的，包括：團體計畫之審核、了解團體內容與過程、參與成員反應或問題、領導者知識與技能、檢視領導者可能的價值觀或自我議題、討論團體過程或成員問題與解決策略等。

第9章
不同理論取向的團體諮商

【說明】

本章僅就不同取向的團體做介紹，包括精神分析、人本取向、認知行為與後現

代向取向。因為團體諮商或治療的理論源自原本的個別諮商理論，也是諮輔系

所學生的進階課程，因此本書不會將其理論做詳細解說，只是就其理論觀點做

重點摘述或提醒。

9-1 精神分析取向團體諮商

精神分析取向著重的是潛意識與兒童經驗對人格與目前行為的影響，因此會探討過去的經驗（尤其是受創經驗），原生家庭經驗以及與雙親關係是最重要的。

主要技術包含：分析架構、自由聯想、解釋、夢的解析、抗拒解析、移情分析等。尤其在團體中常常會有個人未竟事務所帶來的「多元移情」需要處理，特別是從原生家庭所帶來的。

另外，領導者也會有反移情的事物需要處理，容易對治療關係造成影響，因此自己的覺察很重要，瞭解自己的內在反應，也藉此來瞭解成員，就可以將反移情做建設性使用。

同屬於精神分析取向的楊格分析學派較少做團體諮商，偶爾只將團體當作是補充的治療方式，楊格本身對於團體也有所保留。

有些楊格學派者肯定團體的正面價值，像是有「夢工作」團體，某成員分享夢境就成為討論焦點，有相關夢境內容者就可以連結到目前的夢境，也可以在網路上分享，而楊格學派的團體領導者也會使用心理劇或完形等技巧在團體中（Sharf, 2013, p.108）。

小博士解說
精神分析取向團體技巧有：自由聯想、分析抗拒與移情、分析與解釋夢境、解釋、整合所學、回顧頓悟等。

精神分析取向團體諮商 （Corey, 2000, p.66）

開始階段	工作階段	結束階段
揭露與探索潛意識素材，聚焦在目前行為之前的歷史因素，主要讓成員從自由聯想中去表達感受、思考與幻想，著重在分析、討論與解釋其過往經驗，並修通防衛機制。	團體如同原生家庭，容許成員重新去經歷自己的童年，探討衝突的根源，重新憶起這些經驗並做處理，也認出這些抗拒等防衛機制。團體間也會有移情與反移情情況出現，都是從自己的過去帶過來的。	頓悟產生，成員瞭解過去經驗與目前行為或問題間的關聯，分析與解釋工作繼續進行，聚焦在個人的意識行動，願意採取行動或做整合，分析與解決移情現象，也針對重複性行為做修通工作。
・領導者的工作 提供支持，營造一個接納氛圍，設定界限、解釋，也去瞭解成員的性格建構與防衛模式。	・領導者的工作 提供適時的解釋，可以引導成員頓悟；協助成員建設性地處理焦慮，有效處理移情與抗拒；同時覺察領導者自己的反移情。	・領導者的工作 領導者解除許多領導者責任，允許成員有更多的自主性，引導成員充分覺察與社會整合。

 夢的工作 （Corey, 2000, p.69）

1	2
選擇自己夢境的一部分，做自由聯想，說出你想到的任何字或語句，然後看看是哪些字句。	將你的夢做初步解釋，有沒有發現任何主題或模式？

4	3
也可邀請成員就你夢境中的任何一部分做自由聯想。	邀請其他成員解釋你的夢境，他們認為你的夢有何意義？

9-2 人本取向團體諮商

一、人本學派團體諮商

人本學派的 Carl Rogers 認為治療關係是最重要的，而諮商師以自己為最重要的治療工具，提供成員真誠一致、無條件積極關懷與同理心（三個核心條件），讓成員可以接納自己，也願意從他人那裡獲得回饋，進而建立自信、自尊，願意做改變。

治療目標是讓成員可以接受一致的自己，不需要因為他人的期待而犧牲，委屈真實自我，對自己的經驗與成長有更多且敏銳的覺察，那麼成員就可以朝向自我實現的目標而努力。

成員進入團體後，基本上是處於一種「理想我」（ideal self）與「真實我」（real self）不一致的情況，同時真實我不能彰顯，是因為他人所提供的是有條件的關注（希望成員成為所期待的人才喜歡或認可），因此有許多的衝突與不適應。Sharf（2013, p.211-212）提到人本學派的團體諮商的幾個重點是：

（一）領導者的主要工作是一位「催化者」，而團體過程就是催化過程。

（二）團體目標由成員共同決定。

（三）領導者要營造心理安全的環境，其目標為催化核心條件，讓成員可以更真誠、接納與同理彼此，也因此領導者的角色變得較不必要。

而 Rogers 也注意到團體過程的力量與其危險性，因為成員的正向改變可能為期不長，而在團體中的緊密關係可能也會危及成員在團體外的關係，對某些成員來說，分享感受會讓自己覺得脆弱。

小博士解說

人本取向團體的領導者是以促進團體互動為主要功能，並示範同理傾聽與尊重態度，讓每位成員都可以被聽見、被認可與接納，也以真誠態度與互動、展現真實自我。

人本學派團體諮商 （Corey, 2000, p.110）

初始階段	工作階段	結束階段
成員或許還在尋找、摸不清方向，基本上成員展現的是安全的面向與議題。此階段的目標在建立信任。	因為缺乏領導者指引，負面感受會浮現。接著信任與接納的氛圍會出現，彼此會揭露更多，也互相支持，凝聚力開始發展，也願意探索對個人有意義的議題。	團體發展療癒的能力，成員會因為彼此支持而願意往前進。成員自我接納，也在真誠的氛圍下給予回饋，行為開始改變，更願意表達自己的感受，也從與他人的關係中有更多頓悟。
·領導者的工作 催化者，營造一個安全的心理氛圍，讓成員自己發展出團體建構，協助成員彼此真誠互動。	·領導者的工作 站在同理的立場，讓成員覺得被瞭解與關心。領導者要接納所有正負面的感受，並分享團體進行中的感受與反應。領導者積極傾聽、情感反映、釐清、摘要、連結，展現接納、尊重與積極關懷。	·領導者的工作 協助成員表達自己是如何經驗團體，協助並鼓勵成員做真誠的回饋，將所學運用在日常生活中，支持成員做有意義的改變，也接受隨改變而來的責任。

人本取向的團體領導

- 讓成員可以建立自我評價，不以他人之評價為主。
- 主要功能為「催化者」。
- 讓每位成員都有機會被聽見。
- 也讓每位成員聽到別人的故事。
- 讓成員有同理他人之能力。
- 讓成員在團體中可以自在坦然的做自己。

✚ 知識補充站

　　人本取向團體諮商中的「心理劇」，基本上就是一個團體諮商，雖然每一次的主角只有一位，但是其他參與者也可以從演劇、討論中，看見自己與他人經驗的共同點，也自他人經驗中學習不同的人生智慧。

9-3 人本取向團體諮商（續一）

二、阿德勒學派團體諮商

阿德勒學派認為每個行為都有其目的，人的自卑情結是引導其努力成就的主要動力，人都有被認可的需求，也都希望往對社會有益（社會興趣）的方向努力，然而若是受到錯誤虛構目標的引導，可能就會朝無益社會的方向前進，而這些都可以加以教育或導正。

每個人的生命型態不同，主要是受到個人對自己、他人與世界的看法而異，因此有人追逐名利、享受物資、剝奪他人權益或是以心靈安適為目標等。有些人的生命目標是錯誤的，因而造成自己不快樂，他人也因此受害。

阿德勒也重視家庭的影響，因此重視家庭氣氛、心理社會排行與家庭星座等議題，對於親職教育有重大影響。

阿德勒學派的團體著重將教育與創意方式運用在其中。最常見的是「生命型態」的團體，成員分享小型的生命型態（包括家庭關係、手足比較與早期記憶），其他成員也可以據此猜測該成員的信念與目標。阿德勒學派的團體也會採用心理劇的觀念，將過去的場景搬到目前做演出，讓成員可以有頓悟，並發展出新的策略來因應問題（Sharf, 2013, p.141）。

三、完形學派團體諮商

完形學派主要是以整合的觀點來看人，人之所以虛偽過生活，主要是與自己及他人的接觸出現問題，因此有許多否認、掩飾的部分，所以阻礙了自我的許多功能，倘若個體可以對自己的每一個當下都有充分覺察，就會有足夠的能力去做想要的改變。

以團體方式介入是完形學派最常見的方式，基本上有三種形式：由治療師與一位當事人在一群觀眾前做治療（觀眾不參與，但是會在事後討論），或是將注意力放在過程的團體，或是過程 主題式的團體（成員可以演出主題問題）（Sharf, 2013, p.247）。

心理劇團體與完形學派關係密切，因為其運用了許多完形的觀點在實際的團體中。心理劇裡面有導演、演員與觀眾，進行方式主要是「暖身」（讓成員準備好參與），接著就是選一位參與者的故事做演出（讓成員對問題可以有新的覺察），最後則是觀眾提供自己所觀看的感想做回饋與支持，讓故事主角可以對某特殊問題有自信與熟練感。

許多事情光是討論，可能在認知上有獲得，卻不如實際行動那般有效，因此將問題場景演出來，藉由行為演練、觀看不同角色的感受與想法如何，可以讓事情呈現更完整，也提供故事主角與觀眾不同思考與解決問題的方式。

阿德勒學派團體諮商 （Corey, 2000, p.78）

初始階段	工作階段	結束階段
建立同理心與接納度、設定目標，瞭解目前的生命型態，探索成員的假設，探索家庭氛圍與個人對自己童年事件的解釋。	建立同理心與接納度、設定目標，瞭解目前的生命型態，探索成員的假設，探索家庭氛圍與個人對自己童年事件的解釋。	建立同理心與接納度、設定目標，瞭解目前的生命型態，探索成員的假設，探索家庭氛圍與個人對自己童年事件的解釋。
・領導者的工作 建立合作關係，與成員一起決定團體目標。提供鼓勵與支持，以及暫時的猜測，協助成員評估與釐清自己的問題，觀察成員在團體中的社會行為，積極傾聽、關切，也做面質。	・領導者的工作 解釋早期經驗與家庭互動模式，協助成員看見自己的錯誤邏輯或目標，瞭解自己獨特的生命型態，協助整合所學，並擬定新計畫。	・領導者的工作 重新教育是主要功能。協助成員挑戰自己的態度、鼓勵冒險，也實驗新行為，並將其運用到平常生活中。

完形學派團體諮商 （Corey, 2000, p.120）

初始階段	工作階段	結束階段
提高對當下的覺察（包含知覺、感受與思考），成員要有實驗與體驗的精神，去與自我及他人做接觸，並釐清界限。	成員處理未竟事務、統整兩極化現象，協助成員表達受壓抑的部分。	成員對自己的事務負起責任，將人格分割的部分做整合，達成每一刻的覺察，就會有方法去做改變。
・領導者的工作 跟隨成員所提供的，成員就可覺察自身經驗的「什麼」與「如何」，領導者的創意取自於成員提供的素材，運用自己為工具。	・領導者的工作 留意成員的語言與非語言訊息，建議適當的實驗提升覺察，並注意成員的抗拒。	・領導者的工作 注意成員的感受並做詢問，倘若成員可以做充分的覺察，就有能力做改變。

9-4 人本取向團體諮商（續二）

四、存在主義團體諮商

　　許多學者都認為存在主義團體是很適當的，像是讓參與成員可以進行一生的自我探索，團體氛圍讓成員願意去看自己的內在及主觀經驗，在分享這些經驗中，也會發現彼此共同關切的議題。成員可以討論的議題包含活著與死亡，自由、選擇與責任，孤獨與愛，意義與無意義等（Sharf, 2013, pp.181-182）。

　　事實上，許多團體到最後或多或少都與存在議題有關，也就是生命會遭遇的困境或問題（如人際、孤單、生病或死亡、人死後將往哪裡去、人為何要活著等），只是團體最初是不是要擬定這樣的深刻主題，也需要視團體目標而定。Cohn（1997, pp.5-56）特別提到存在諮商團體：

- 團體是一個關係場域。
- 許多的困擾都屬於關係與溝通的困擾。
- 團體提供一個脈絡，領導者協助成員釐清關係與溝通的困擾，以及團體的潛能。
- 團體提供一個脈絡，讓這些關係與溝通困擾可以被觀察。

- 解釋團體事件的工作屬於團體成員。
- 將過去的關係在目前的團體情境中重現。
- 治療師選擇一種「自我揭露」做為介入方式之一。
- 不管成員討論什麼，都與團體有關。

五、溝通交流分析團體

　　溝通交流學派著重在人際互動的兩個層次，就是社會層次（一般文化或禮節上可以接受的）與心理層次（真正要表達的意思），因此我們常常玩一些可以預測結果的遊戲，讓彼此都承擔不好的感受。

　　每個人的人格層面都包含了父母、成人與孩童，只是比例不同，我們在與人互動時也展現了這些層面，有時候卻太固著於其中一、兩種，缺乏彈性，因此也造成人際困擾。

　　我們的生命腳本都是從早期經驗而來，尤其是從父母親那裡獲得的訊息所形成，形成了所謂的不同「生命位置」（即「我好你好」、「我好你不好」、「我不好你好」與「我不好你也不好」），然而這些都可以經由腳本分析等方式加以改變。

小博士解說

存在主義所關切的許多議題都是在一般團體中會涉及的，因此也可以囊括在所有的團體中，只是並非每個團體都有時間進入這些議題。存在團體當然也可以討論死後世界或是宗教議題，然而這樣的團體可能不多見。或許對某些人來說，存在主義所討論的是人根本的議題，太哲學性，所以參與不多，然而從另一個角度來看，這也是人生在世的重要議題。

存在主義團體諮商 （Corey, 2000, pp.100）

初始階段	工作階段	結束階段
初期目標在於探索對個人有意義的重要事件。成員決定要探索的事件與如何利用團體時間。	成員探索人類普同的關切，像是孤獨與焦慮，伴隨著選擇自由的是責任，生命意義與死亡等。成員思考面臨困境的其他選項，強調自我探索與放棄防衛、真誠過生活。	團體諮商視為「邀請改變」的過程，鼓勵成員挑戰自己並重新創造自我。在團體中，成員有機會重新評估自我的生活，並決定做一些想要的改變。團體要結束時也會面臨焦慮，必須充分處理，找尋新的存有方式。
·領導者的工作 面質成員處理自由與責任的議題，挑戰成員限制的背後永遠有選擇的自由，協助成員看見不願意充分生活的情況，創造一個安全氛圍讓成員願意探索。	·領導者的工作 創造有質感的關係，與成員共同進行探索之旅，瞭解也接納成員的主觀世界，做適當自我揭露與真誠的典範。	·領導者的工作 挑戰成員進入深度探索並有積極作為，協助成員整合在團體中所學，並運用在生活中，也協助成員看見自己在改變中的貢獻。

 溝通交流分析團體 （Corey, 2000, pp.132）

初始階段	工作階段	結束階段
教導成員有關溝通交流分析的基本理論與術語，包括如何認出個人的不同自我狀態(父母、成人與孩童)，交流、遊戲、投射等，及早期決定的影響。	認出與處理「困境」，經由重新經歷早期情境與決定，就可以做出更適當的決定。	聚焦在做新的決定，也就是相信早期的決定是可以改變的。成員學習去獲得正向的認可，也體會到自己的力量。
·領導者的工作 教導成員要為自己所思、所感與行為負起責任，為團體提供建構，讓成員熟悉溝通交流分析的基本理念。	·領導者的工作 協助成員找出自己早期孩童狀態所做的決定，然後鼓勵成員從孩童自我做出嶄新且適當的決定，運用技巧協助成員走出困境。	·領導者的工作 協助成員做出新的決定，並擬定與生命方向有關的契約，鼓勵成員接受改變生活的責任，並將所學運用在日常生活中。

9-5 認知行為取向諮商團體

認知行為取向的團體諮商，顧名思義就是融合了行為學派與認知學派的觀點來進行團體。行為學派是從學習理論而來，認為一切行為幾乎都是從無意或有意的學習慢慢積累而成，他們不重視心理層面的「黑箱作業」，但這樣的觀點也可能讓人覺得膚淺，沒有直擊問題重心；認知學派則是將重心放在「認知」思考的層面，將人的想法視為影響其感受與行為的主要因素，認為若是思考做改變，其他就會跟著改變。

就目前趨勢而言，認知與行為理論相輔相成，行為學派也採用了認知的元素，而認知學派也適當運用了行為學派的觀點，因此將它們歸在同一區塊討論。在這一節裡會呈現三個學派的團體諮商，即「行為學派團體諮商」、「理情行為團體諮商」與「現實學派團體諮商」。

一、行為學派團體諮商

行為取向治療是以社會學習論為主要概念所發展而來，其觀點吻合一般人對於「改變」的定義（從「行為」來斷定改變與否），較不重視心理層面的議題。現在的團體諮商也都或多或少含有行為取向的元素，而且適用於兒童與青少年族群。行為理論除了關注於行為的改變之外，必要時也會做環境的改變，其進行方式是從外力的增強到內化的「自我增強」，最後也是希望個體可以獨立自主與行動。

二、理情行為團體諮商

理情行為學派學者認為人有理性與非理性思考的能力，且會偏向非理性思考。理情學派理論著重在錯誤信念或思考的影響力，而人的情緒困擾通常源自於謬誤的思考，這些錯誤的思考或由重要他人而來，但是個體也會做許多的自我灌輸，因此如果可以改變信念或思考，就可以造成情緒與行為的改變。

理情行為學派的諮商師靈活運用辯駁與舉證技巧，以及情緒或行為技巧，讓成員做批判思考與尋思其他轉圜之道。

三、現實學派團體諮商

現實學派以人際需求為其軸心觀點，認為人有滿足生存、歸屬、愛、自由、權力與好玩有趣等需求，而人都有選擇權，也應相對負起責任。

人之所以遭遇困境，主要是選擇了無效的方式滿足其需求，因此瞭解自己想要的，並擬定有效計畫去執行是必要的。

小博士 解 說

認知行為學派是一般入門的諮商取向，運用在團體中也是如此。進行一般團體諮商時，通常使用的技術也不脫認知行為學派所提供的方式，或許會另外強調情緒技巧的部分。

行為取向團體諮商 （Corey, 2000, pp.142）

初始階段	工作階段	結束階段
建立凝聚力，讓成員熟悉團體結構。協助成員認出問題所在並做探索，評估與設立目標，並持續做檢視。	執行改變計畫，聚焦在學習技能，並在團體外執行。團體可以用來練習與回饋，及支持新技能的學習。	學習遷移是最重要的，也就是檢視將在團體中所學運用在日常生活的效果如何。改變還不算成功，需要繼續維持下去。
・領導者的工作 積極提供相關資訊，協助成員擬定目標，也示範適當的行為與價值觀，增強成員新習得的技巧。	・領導者的工作 強調示範、觀察與教練角色；持續評估進度與教導成員自我評估技巧，提供回饋；鼓勵成員彼此支持，更積極涉入。	・領導者的工作 協助成員將新的學習遷移到日常生活中，讓成員準備好萬一挫敗時的有效處理方式，也安排後續的追蹤評估與見面。

理情行為取向團體諮商 （Corey, 2000, pp.156）

初始階段	工作階段	結束階段
教導成員所謂的「理論」，瞭解情緒困擾從何而來，以及如何檢視非理性信念，改變信念就可改變感受與行為。	團體聚焦在認出與攻擊成員的非理性信念(如「應該」、「必須」)，許多自我挫敗的假設是源自於現實情況，成員學會挑戰自己的這些強迫性語言與思考。	成員最後能夠將這些理性哲學內化，將新的學習替代舊的，過更好的生活，成員也將持續在生活中運用所學。
・領導者的工作 展現給成員知道自己是如何造成問題或悲慘情境的，教導思考與情緒及行為的關係，學會批駁非理性信念，以較合理的信念來取代。	・領導者的工作 面質成員毫無批判就接受的一些信念，讓成員去瞭解與挑戰原有的一些錯誤假設。	・領導者的工作 教導成員自我管理的技巧，給予成員家庭作業做充分練習，也鼓勵成員以自助方式持續做改變。

現實學派團體諮商 （Corey, 2000, pp.170）

初始階段	工作階段	結束階段
讓成員之間彼此有連結、建立關係，主要工作是讓成員去檢視自己目前的行為達成其需求的程度如何，決定行為的方向。	聚焦在行為，而非感受上。主要目標是營造一種氛圍，讓成員可以瞭解自己的不負責任與選擇造成了目前的問題，讓成員可以做更好的選擇。	具體有效的計畫可協助目標之達成，不具批判性的團體氛圍是很重要的，看見成員的優勢並加以鼓勵，要成員為自己的改變計畫全權負責。
・領導者的工作 積極介入，讓成員涉入團體運作，鼓勵成員彼此互動，做示範。	・領導者的工作 鼓勵成員評估自己的行為，詢問成員其行為是否滿足其需求，拒絕藉口與合理化，也教導成員所謂的選擇理論為何。	・領導者的工作 協助成員擬定具體可行計畫，營造非批判的氛圍，並強調改變的可能性；當成員失敗或要放棄時，協助成員擬定較小而可行的成功計畫。

9-6 後現代取向團體諮商

一、焦點解決團體諮商

焦點解決將當事人當作專家，以優勢觀點出發，看見當事人的亮點與擁有的能力，著重在「問題解決」，有效的就繼續使用，無效的則廢棄不用，同時注意到當事人可用的資源。領導者邀請成員去思考未來想要的改變為何，設定自己的目標；成員是自己經驗的主要解讀者，焦點放在曾有過的成功與例外經驗，重拾自己原有的問題解決能力，並發展出其他可運用的方式。

團體成員可以提出不同思考觀點與觀察，同時給予彼此鼓勵與支持。領導者也可以示範不同的詢問方式（如量表問題、奇蹟問題、關係問題等），引領成員有不同的思考與互動，而領導者通常都會在每次團體中固定挪出一段時間，讓成員彼此分享與回饋。

二、敘事治療團體諮商

敘事治療取向是以建構主義為基礎，認為人所生活的世界受到政治、文化、經濟、信仰等社會因素所箝制，常常無法受到重視或認可。人有不同的身分，但是礙於主流社會價值觀等影響，常常不能展現自己的不同身分，甚至受到打壓或歧視，因此有必要發展非主流的故事，看見當事人的優勢與能力，展現不同的生命故事與型態。

敘事治療運用在社會邊緣人（如受刑犯、家暴加害者、移民、心理疾病者）身上，可以讓成員們有正面的自我認同，也願意秉持這些優勢與力量，朝向對社會有益的方向前進。

三、女性主義團體諮商

女性主義治療是站在社會公益的角度出發，希望可以讓世界更公平，而每一個人也都是改變社會的動能（agent）。

女性主義也是從「意識提升」（consciousness-raising）的團體濫觴，集結了許多婦女在同一地點聚會，給予彼此支持，瞭解到自己的問題與擔心不是唯一，接著意識到其他弱勢族群也應享有同等的公平待遇，而擴及其影響力到其他族群（如身障者、孩童、膚色、受虐者等），許多的女性成長團體也因此受到啟發，如雨後春筍般展開。

女性主義諮商團體的治療師是以平權的態度與成員相處，會與成員探討性別社會化的影響，尤其是對於女性角色與地位的關係，也會特別關注到許多女性將自己視為「照顧者」，而嚴重忽略了自我照顧的部分，藉由彼此的支持，重拾對自己的信心，願意冒險做改變，同時也為與自己一樣的弱勢族群發聲，成為改變社會的重要成員。

小博士解說

敘事治療通常以個別諮商為主，將其理論與技術運用在團體諮商裡是最近才有的情況，領導者通常以問句來引發成員分享經驗，而非一般的蒐集資訊，同時藉此讓成員可以探索生活的許多面向。

女性主義團體諮商

初始階段	工作階段	結束階段
讓成員瞭解團體過程,減少神祕感與威權感,示範與建立平權關係,協助成員採取積極主動的行動,一起為自己與團體的目標努力。	就成員所關切的議題做適當的角色與權力分析,讓成員瞭解個體受到社會文化、制度、政治與經濟的影響,女性的許多心理病癥其實是存活的手段,成員在彼此真誠分享與支持中,慢慢恢復自信,也長出力量。	成員將自己在團體中所學運用在團體外的生活,或許會受到挫敗或阻撓,但是相信這些困難只是暫時的,不會打消繼續努力的動力,也願意將自己的影響力拓展到社會的其他角落。

第10章
適合學校的團體諮商
與注意事項

10-1 團體諮商運用在兒童與青少年的原則

一般在學校裡進行的團體諮商,通常較短期,有結構性,以問題為導向,成員同質性較高(Schneider Corey, et al., 2014, p.327)。在規畫與進行時要注意:

一、團體諮商的主要目的是教育與治療

團體諮商特別適合正在成長中的兒童與青少年,因為諮商團體具有教育與治療兩項功能,而這個階段的孩子又有同儕參照的壓力,因此一起在團體中可以學習到更多。團體諮商可以協助他們的發展,學習有關自己的資訊,也學習如何避免負向的人際關係、增進與人互動的正向方式,還可以協助他們探索當下、有助於未來(Berg, et al., 2006, p.253)。因此倘若在學校裡有重要的發展(有關不同發展階段的注意事項)與預防(如霸凌防治、性侵害)議題,最先是經由「全校宣導」(如利用朝會)方式進行,接著可能做「班級輔導」,然後才是進行諮商團體或是個別諮商。

二、瞭解兒童與青少年發展階段及需求

兒童與青少年在不同階段有特殊需求,也有發展任務與能力要完成,因此瞭解他們的發展階段是相當重要的,也是團體成功要素之一。此族群的行為模式亦與一般成人不同,需要注意。國小階段的孩童有同理與自我覺察能力,團體可提供其建立自信的資源,將許多活動放入團體之中,可讓學童學會技巧與能力,同時提升自尊與自信。青少年處於掙扎脫離父母親、發展自我認同的時期,同儕變成支持重要資源,因此很適合團體工作;青少年或許會抗拒團體領導者、挑戰權威,也因為努力於自我認同而顯得僵硬,較無挫折忍受力,因此團體領導者必須要較為結構化,以減低其焦慮,但也要容許其有表達的自由(Shechtman, 2004, p.430)。

三、團體的結構程度與活動

對兒童與青少年團體來說,較多的建構,以及更多與治療相關的活動是很重要的,可以避免無聊,也提升他們參與的動機,還可以讓他們聚焦做討論(Shechtman, 2004)。只是團體成員的安排要特別注意,最好抱持著「正面楷模多於負面楷模」的原則來設計,避免負面影響大於正面影響。像是團體目的是「社交技能」,就可以安排在人際關係功能上非常好的學生4位,加上人際不良的學生3位在同一個團體中,這樣子多數會影響少數,而且人際不良的學生可以觀摩學習正向的楷模行為,讓團體目的更容易達成。

四、注意是否要取得家長知後同意

在取得法定監護人的「知後同意」上,通常會遭遇一些困難,因為家長不希望自己的孩子被貼標籤,需要被修正。除了在招徠成員的團體說明書上要注意「表面效度」(不要讓家長或教師一看就覺得不對勁)之外,還要取得家長的合作與意願,所以明確地說明團體的效果是很重要的。

給家長的團體諮商說明書示例

表面效度

要將團體名稱朝正向的標題思考，不要讓閱聽者誤會。

宣傳單命名

如「社交技能」團體，主要是增進若干成員與人互動的技巧與能力，在發給師長的宣傳單裡可以命名為「我們都是好朋友——讓你更有人氣、生活更快樂」。

團體目的

可以列出：
1. 讓同學更瞭解與人互動的技巧與方式。
2. 讓同學彼此學習如何增進情誼的策略與方法。
3. 讓同學在校與日常生活都可以更快樂。

可以讓學生學會表達自我、傾聽他人及與人合作。

適合以同儕為生活重心的兒童與青少年。

減少學生的孤單感，有所歸屬。

適合配合學生發展的預防與早期介入。

團體諮商適合兒童與青少年的理由

適合資訊的有效傳播與獲得。

適合學生發展個人(包括認識自我、建立自信)，與社會功能(包括溝通、建立有意義關係)。

適合學生發展有效的生活因應技能。

適合協助學生健康發展。

10-2 團體諮商運用在兒童與青少年的原則（續）

五、讓他們清楚團體如何進行、自己可以做些什麼

在進行青少年團體諮商前，一定要讓成員瞭解：從團體經驗裡可以期待什麼？容許他們問問題，包括對他們的期待為何？以及他們對於團體諮商的相關問題。

六、同性別團體較佳

兒童與青少年時期很在乎性別的區分與學習，尤其是青少年團體，不同性別在一個團體中可能讓性別刻板印象更堅固（男性會更男性化、女性會更女性化），但是也可以考慮不同性別在一團體，可以有不同的學習。

全女性團體較無問題，然而若是全男性團體可能運作會較困難（男性兒童有的坐不住，青少男有時較不易針對問題做討論）。

七、避免將團體標籤化

許多兒童與青少年團體是針對某些行為或問題而進行，因此也容易讓參與的成員或其家長覺得自己被貼標籤，減少參與意願。

除了要注意之前所提的「表面效度」外，也要注意成員的組合，不要只將「問題成員」群聚（特別是有攻擊傾向的）在一起，缺乏正面楷模，同時也會讓成員覺得自己沒有希望。

八、人數問題

一般說來，教育心理性質的團體可以多至 10 到 12 人，若問題較嚴重的（如霸凌者暴力傾向者），則以 4 到 6 人最佳。

九、改變產生

較年幼的孩子，只需要被聽見與瞭解，有適當的情緒表達管道，覺得被接納，需要若干的教育與指導，這些都足以讓他們產生改變。

年紀較長的孩子可以從與人互動中學習到社交技巧、獲得支持、問題解決方式等。

小博士 解說

兒童或青少年團體若能混合性別，當然也有其優勢，成員可以了解不同性別的觀點或考量，並沒有嚴格限制。有些主題，如友誼與親密關係、性別教育等，若是性別混合團體，可以讓成員有更多元的學習。

兒童與青少年諮商注意事項 （Masson, Jacobs, Harvill & Schimmel, 2012）

	兒童		青少年
價值觀、社交技巧、自我概念與學習技能。		探討主題	自我認同、性議題，與朋友、家人及學校的關係。
普同感、不孤單、新技巧的學習、獲得資訊與支持。		療效因子	普同感、人際學習、資訊傳達、行為模仿、灌輸希望。
7歲以下，遊戲與活動居多，分享與過程較少。		團體內容	暖身活動與將要討論的主題有關，分享時間可以較多。
領導者導向、運用多元方式、協助成員聚焦、使用熱情口吻、釐清目標、對特殊族群的知識（如父母離異、繼親家庭、酗酒家庭等）。		領導者	喜愛也尊重青少年、掌控全場、使用結構、讓團體有趣等。
使用繪本或其他媒材，如手偶、可發揮創意之活動。		其他	領導者的開放與誠實常受到挑戰。

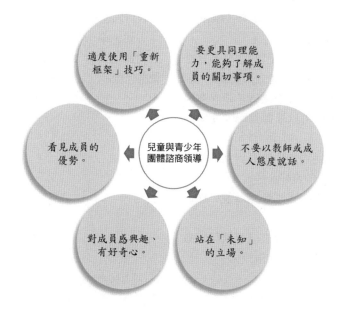

兒童與青少年團體諮商領導

- 適度使用「重新框架」技巧。
- 要更具同理能力，能夠了解成員的關切事項。
- 看見成員的優勢。
- 不要以教師或成人態度說話。
- 對成員感興趣、有好奇心。
- 站在「未知」的立場。

10-3 兒童團體諮商

倘若是以兒童為對象進行團體諮商，可以提供兒童一個安全、支持、友善的環境，與同儕互相學習成長，獲取新的知識與技能，以及更多問題解決的方式。

兒童與青少年是同儕影響力最多的時期，善用團體諮商，可以減少其孤立感與負面情緒，對於生活有更多的掌控感。

領導者在進行兒童諮商團體時，對於其破壞性行為，不免會有典型家長的反應，這一點也要特別注意，最好與兒童達成協定，也示範正確的行為讓他們可以效仿。

許多兒童對自己沒有自信，是因為日常生活的經驗帶給他們太多挫敗（包括溝通上的失敗），而團體卻提供了相當多的成功經驗（包括助人與自助），有助於其自我信心的提升。

一、兒童團體諮商目標：

進行兒童團體諮商的目標有（Berg, et al., 2006, pp.254-255）：

（一）協助其發現自己的問題不是唯一，也減少孤單感受，建立歸屬感。

（二）所學習的人際技巧是建立在現實生活中，因此可以學習到與人連結的有效方式。

（三）可以從同儕那裡得到立即的回應，是替代學習的良好途徑。

（四）對他人的需求較為敏銳，從協助他人中獲得自信。

（五）在團體中發現自己是值得尊敬與信賴的，也可以真實做自己。

二、注意兒童發展狀況與相關條件

兒童還在發展階段，因此在進行團體時，有一些特性需要注意（Berg, et al., 2006, pp.255-256）：

（一）兒童的注意力時間較短，年紀越小，團體時間宜更短。

（二）兒童需要發洩體力，因此團體空間不宜過窄（會讓其不自在），也不宜過大（容易分心或行為失控）。

（三）9 歲以下兒童的人數可以 5 到 6人，遊戲團體諮商則以 2 到 3 人為準。

（四）年紀越小的兒童團體需要更多的結構。

（五）遊戲與活動是兒童認識世界的主要方式，因此要運用多種方式與媒材。

（六）基本上若在學校進行團體，是教育的一部分，可以不必得到家長同意，但若可以適當取得家長同意會更佳。

（七）第一次團體就要把基本的規定說明清楚，參與兒童也需要知道自己該做些什麼。

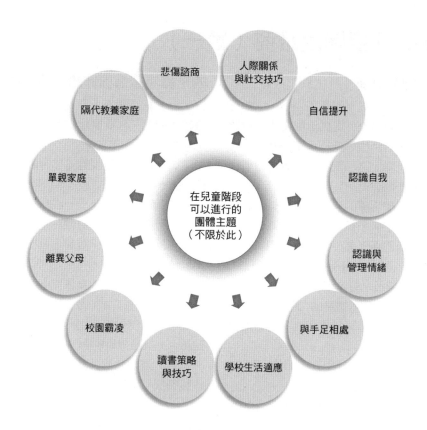

	兒童團體諮商領導者需具備的條件
	1. 瞭解兒童發展階段、需求與任務。
	2. 瞭解目前兒童可能面臨的挑戰與問題。
	3. 瞭解欲進行的主題(如網路遊戲、單親家庭、父母離異子女、性別認同等)的背景與知識。
	4. 能夠設計有趣遊戲與活動，協助團體進行。
	5. 能夠有效運用多元媒體或媒材，如繪本、影片、圖卡、黏土、手指畫、水彩、沙子、音樂或舞蹈等。
	6. 運用較多的行為技巧。
	7. 創意與彈性。
	8. 耐心、真誠、有幽默感、有趣好玩，與自身的童年經驗做連結。

10-4 兒童團體諮商（續一）

三、遊戲治療

年紀在12歲以下的兒童（包含幼兒），很適合遊戲治療。遊戲治療需要由經過系統訓練的治療師擔任，不是修了一、兩門課就能上路，要特別注意資格與相關的倫理問題。

使用遊戲治療的年紀不限，但是對於幼兒與兒童似乎最適當，因為遊戲占了兒童生活的極大部分，也是他們認識世界的首要途徑。使用遊戲治療的原因為：

（一）遊戲是兒童象徵性語言之表現，可以反映出兒童所體驗的，瞭解其反應、感受與需求，也可以看出其對自我的看法。

（二）9歲以下的孩子要表達感受及與他人的關係較為困難。

（三）兒童會將自己的所有情況表現在遊戲中，治療師可以針對其當下的活動、陳述、感受等做反應。

（四）團體遊戲場合符合現實生活，兒童可以在其中做社交實驗與練習。

（五）玩具須具備三種：與現實生活相關的（如娃娃、娃娃屋、廚具、車子、電話等）、可用來宣洩情緒的（如手銬、槍械、玩具兵、可攻擊的充氣玩具等）、可提供創意表現的（如繪畫用具或色紙、積木）。

（六）遊戲可以讓兒童與威脅或痛苦情境保持一段安全距離，讓他們可以表現說不出口的感受與情境。

四、與兒童做團體諮商的原則

（一）兒童基本上不會安靜坐在位置上很長時間，因此讓他們有活動空間是可以的。

（二）進行兒童團體需要有較多活動的安排。

（三）可以與兒童玩一些靜態或動態遊戲及活動（特別是男性兒童），在活動中可以瞭解兒童，活動之後立刻做討論也較容易。

（四）提供一些零食或點心，可以讓兒童放鬆。

（五）有時候可以用代幣方式進行積點制度，但是少用懲罰。

（六）若需要到戶外活動，要注意秩序與聲量，以免妨礙其他學生作息。

（七）少讓其做書寫活動，現代兒童是處於3C時代，較少動筆寫字。

（八）善用科技與網路的功能，吸引兒童注意。

```
兒童諮商團體的常見主題
```

人際關係	⇨	探索自己的人際模式，學習不同的有效互動方式。
自我成長或自我探索	⇨	認識與瞭解自我，或是修復自己的未竟事務。
社交技巧	⇨	針對害羞或孤單、人際關係想要更佳的成員，可以學習較為具體與人互動的方式，包括傾聽與同理心技巧。
親密關係	⇨	探討友誼關係議題，如何瞭解他人、做有效溝通。
家庭議題	⇨	探索與原生家庭的關係，自己所承襲的價值觀或家庭規範，並做修補或改變。
生涯規畫	⇨	瞭解自己的興趣、個性、能力、喜愛的生活方式與職場所需條件，做為決定生涯方向的考量項目。
家暴受害者	⇨	針對家庭暴力的受害者或目睹者的治療團體。瞭解家暴產生原因、心理需求或狀態、不同因應方式，以及自我療癒。

10-5 兒童團體諮商（續二）

五、在團體諮商之前建立個人關係

輔導教師採用團體方式進行諮商，不僅可以針對同一主題做瞭解與解決，在時間與心力上較為經濟，團體諮商也可以讓兒童從團體中學習到更多。同儕之間的學習比成人對兒童的單向教育要有效得多，倘若團體中還有兒童可以學習的楷模，學習效率自然更佳。然而在進行團體諮商之前，最好與個別學生建立關係、彼此熟悉，這樣在進入團體後，他們配合的意願也會增加。

即便是非自願團體，領導者也需要在團體進行之初，讓成員清楚瞭解團體目的，提供成員發問的機會，可以緩解成員的焦慮不安。進一步則是讓成員知道如何在團體中表現，合適的行為為何，該如何從團體經驗中學習等。

六、進行兒童團體注意事項

（一）團體很適合兒童，可以讓兒童在團體中有表達情感與問題的機會，他們的同儕學習最快也有效，但也要注意到發展階段認知及語言表達能力的限制。

（二）利用多種媒體輔助（手偶、遊戲、音樂、繪畫、繪本等），活動（包括演戲、情況劇、動作、問「如果你是他，你會怎樣做」之類的問題）與討論穿插；適當使用閱讀讀本（詩或故事）或繪本，可以讓兒童投射更多情緒反應，協助其做表達與宣洩，也可以有隱喻效果，提升團體過程（Shechtman, 2004, p.432）。

（三）坐成一圈較容易專注與投入。

（四）團體大小以參與者的年齡、成熟度與注意力程度來決定，人數4至8人左右（依年齡或特殊議題而有不同），時間20至40分鐘，原則上每週1次、年幼者每週2次左右。

（五）社交或相關需要學習正向行為的團體，需要安插值得學習的「榜樣」在團體內。

（六）採用行為主義的代幣或是增強方式，可以維持秩序，也鼓勵同學參與。

（七）篩選成員部分，可以用第一次團體來做，或做個別篩選。關切議題、願意合作與遵守團體規約、在團體中的要求與角色，都要明白告知。

（八）成員的性別與同異質性，基本上盡量讓成員性別平均，但是有若干主題可以單一性別為主，如性教育。成員背景的相似或相異性，主要還是看團體討論主題而定，像是離異父母的團體，訴諸同質性較佳，然而若是社交技巧團體，則以異質性團體較佳，同時容納退縮害羞、衝動型與人際良好的學生。

（九）主要是「領導者取向」，也就是領導人要做許多規畫與介入，「結構」要嚴謹。

（十）領導者愉快、有活力與創意的聲調很重要。

（十一）引導成員回到主題，因為他們容易分心。

（十二）領導者的示範與帶著動作的說明很重要。

（十三）領導者對於相關議題要相當瞭解。

（十四）讓成員帶作業回家做，可以延伸諮商效果，也讓家人知道其進度。

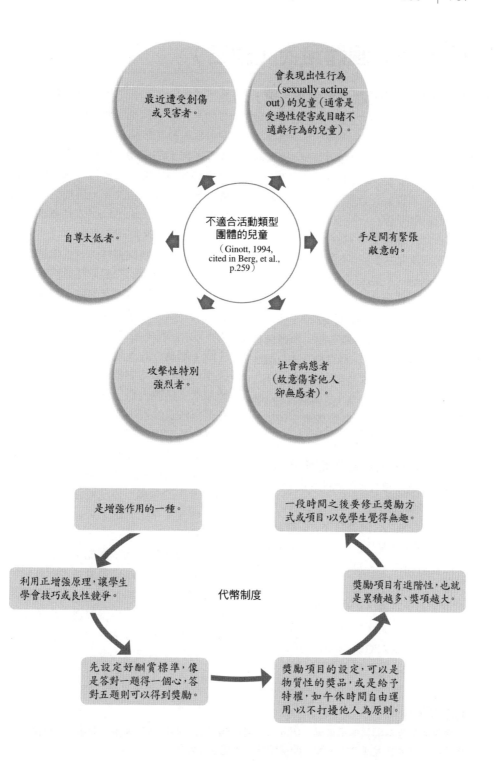

最近遭受創傷或災害者。

會表現出性行為（sexually acting out）的兒童（通常是受過性侵害或目睹不適齡行為的兒童）。

自尊太低者。

不適合活動類型團體的兒童
（Ginott, 1994, cited in Berg, et al., p.259）

手足間有緊張敵意的。

攻擊性特別強烈者。

社會病態者（故意傷害他人卻無感者）。

是增強作用的一種。

一段時間之後要修正獎勵方式或項目，以免學生覺得無趣。

利用正增強原理，讓學生學會技巧或良性競爭。

代幣制度

獎勵項目有進階性，也就是累積越多、獎項越大。

先設定好酬賞標準，像是答對一題得一個心，答對五題則可以得到獎勵。

獎勵項目的設定，可以是物質性的獎品，或是給予特權，如午休時間自由運用以不打擾他人為原則。

10-6 兒童團體諮商（續三）

六、進行兒童團體注意事項（續）

（十五）讓成員在每次團體結束時自己做摘要，也可以做為「評估」之參考。

（十六）成員會考驗領導者可能的「威權」，因此「耐性」與「同理」能力非常重要，不需要正面衝突或訓誡，而以反問或幽默帶過。

（十七）場地要注意避免外界干擾，確定安全無虞之外，也不要過大或過小。過小容易讓人有拘束感，過大可能會讓兒童認為有多餘自由活動空間，會去跑跳或玩弄一些器材，妨礙團體的進行。

（十八）可能的團體主題：聆聽與溝通，認識與處理情緒，社會技巧與友誼，學業成就與學習方式，自我概念與自信，問題解決與如何做決定，失落與哀傷（危機處理的一部分），孤單感受，校園暴力（欺凌與受害者，或兩者）等。

七、進行兒童團體要思考的部分

進行兒童團體可以討論的空間有：

（一）**同質異質性**：到底應該讓同一議題（如社交技巧、同儕關係、弱勢家庭）的孩子在同一團體或是不設限？主要是看團體目標而定，沒有嚴格限制，但是若擔心團體裡的負面力量會影響學習（如霸凌者與受害者一起參與團體）就需要分開，甚至安插正面的楷模在團體中以供學習，而且人數要超過負面的成員。將不同齡者放在一個團體裡，有年幼者

較不受控制，年長的學長姐在團體中會有約束作用，但是也要考慮所探討的議題是否適合這麼廣的年齡層。

（二）**保密的限制**：兒童團體裡的成員會擔心團體中的事情外洩，或是領導者會告知其班導，因此要一再提醒團體成員或是掛保證，也可以與成員商議哪些資訊可以讓班導或同學知道。

（三）**設定界限與彈性**：有些孩童會因為與團體領導者的關係而開始測試關係界限，擔任團體領導者的輔導教師要特別注意界限的「彈性」，該遵守的不放水，可以調整的也做適當調整。

（四）**篩選**：許多教師推薦的學生通常與團體要針對的對象無關，有些教師只是想把「問題人物」往外推而已，因此在選擇成員之前，要詳細與可能推薦的教師們釐清與說明。若是讓學生以自我推薦的方式進入團體，有時候要拒絕他們參與就會有點困難，可能會影響他們以後參與的意願，因此輔導教師要特別說明清楚，甚至有餘力可以開其他適當的團體讓他們加入。

（五）**領導者的自我揭露**：領導者的自我揭露，可能會讓成員覺得脆弱或無能（Shechtman, 2004, p.432）。兒童時期是畏懼權威的時候，也很尊重所謂的正式權威（像教師、專業人員），因此領導者要特別留意自我揭露的動機與目的，以免喪失成員對領導者的信任或尊敬。

小博士解說

兒童團體的性質與目的很重要，因此設計者與領導者都要特別注意彈性與創意，態度上也要留意不要太威權或是太溫和，願意聆聽兒童還是最重要的。

父母離異兒童團體示例

團體主題

- 你很特別。
- 你可以度過這一段時間。
- 父母離異不是你／妳的錯。
- 怎麼安排新的生活與人際關係,包括與不同住的 父親或母親。
- 有許多人關心你／妳,也會照顧你／妳。
- 你也可以協助他人。

團體目標

- 提供支持也彼此支持。
- 讓孩子知道他們不孤單。
- 讓成員有機會表達自己的感受與想法,也做適當 釐清。
- 協助成員處理情緒與行為上的問題,發揮潛能。
- 提供成員與家長可以閱讀及可使用的資源與資訊, 包括校外的支持團體。
- 協助成員與教師、同儕與家長做開放溝通。

 霸凌受害者團體示例

團體主題

- 每個人都不一樣,都需要被尊重。
- 沒有人有權利欺負任何人。
- 每個人都有捍衛自己的能力與方法。
- 我們都可以學習與人互動及合作的適當方式。
- 你也可以協助他人捍衛自己的權利,在校園裡 快樂過生活。

團體目標

- 讓成員知道他／她不孤單,彼此支持與協助。
- 讓成員將積壓的情緒經由適當管道表達出來。
- 協助成員練習與獲得有效的社交和肯定技巧。
- 協助成員認可與肯定自己的能力。
- 協助成員以正向的自我語言,跟自己對話。

10-7 青少年團體諮商

一、青少年發展特色

青少年處於衝突、質疑價值觀，對選擇與身體改變感到困惑，有許多的自我懷疑，在獨立與依賴之間掙扎，會尋求同儕的認同，因此團體諮商很適合他們。青少年是面臨許多發展議題的徬徨期，也是極力要「長自己」的關鍵期，雖然同儕的意見很重要，但仍依賴父母親，只是要如何在「長自己」與「仰賴父母親」之間取得平衡，還需要時間與經驗的淬煉。青少年重視同儕，因此從人際互動中，他們可以學習瞭解自己、世界與他人，所以團體諮商是相當有效的方式；青少年會因為反對而反對，也會挑戰權威，但是他們彼此之間的交談是更容易的，若能善加使用，青少年的諮商團體效益會更高。

二、團體諮商目標

針對青春期孩子的團體目標有以下幾項（Corder, Whiteside, & Haizlip, 1981, cited in Berg, et al., 2006, p.267）：

（一）學習表達自己的感受。

（二）學習為自己的生命負責任。

（三）學習彼此真誠互動。

（四）學習瞭解自己，也知道他人怎麼看自己。

（五）從團體經驗中體會到家人的感受，可以更瞭解與接受自己的家庭。

（六）有歸屬感，找到瞭解與接受自己的團體。

（七）學習如何與他人靠近。

（八）瞭解自己與他人一樣。

（九）協助他人，瞭解自己在他人生命中的分量。

三、青少年諮商注意事項

（一）領導者必須要讓參與團體的青少年瞭解為何有此團體？團體目標為何？讓他們有時間發問，由領導者做回應，不要讓他們覺得自己是被貼標籤的，或是被強迫而來。

（二）團體結構可以讓成員有安全感，但是要有彈性。

（三）青少年因為不善於表達自己的感受，常常會偽裝自己的害怕或不自在。

（四）領導者真誠無偽的態度非常重要，因為青少年受不了假裝或不誠實。

（五）運用角色扮演或演戲方式進行，讓他們扮演別人比較不會不自在。角色扮演或演戲可以模擬真實世界的狀況，也讓成員輕鬆將所學遷移到日常生活中。

（六）青少年有許多創意，包括問題解決的方式，不要忽略其優勢。

（七）進行青少年團體，成員的性別有時是考量因素。一般說來，最好容納兩個性別的成員，同時人數相當，如此成員可以從不同的角度與觀點來學習；然而將男女放在同一個團體也可能助長性別刻板印象，或是男性急於表現、女性變得較沉默。有些議題較適合單一性別參與。同性別的團體，女性團體可能較願意表達意見，團體進行較為順利，但是也可能有同性競爭或搞小團體的情況出現；單一男性團體就可能較沉默，不妨安插適當的相關小活動，再進行討論或分享。

（八）若有成員不敢在團體面前說話，就先採用兩兩討論或小組討論方式進行，領導者可以用「走動」方式巡視及協助。

青少年發展特色與帶領青少年團體注意事項

青少年發展特色

1. 尋求個人身分認同與價值觀之釐清。
2. 認知發展迅速。
3. 更有社會取向，重視同儕關係。
4. 生理變化迅速。
5. 急於瞭解自己的經驗，以及隨之而來的感受與行為。
6. 維持自主獨立及與人連結間之平衡。

帶領青少年團體注意事項

1. 瞭解青少年文化與目前流行事物。
2. 真誠、坦白與直接的態度。
3. 運用適當創意與媒材。
4. 站在「不知」、願意學習的立場。
5. 不要刻意討好青少年，保持尊重與接納態度即可。
6. 準備接受青少年的挑戰，但要做適當回應或處理。
7. 特別留意保密、團體規則，設立界限與自我揭露。

（Gilliland & James, 1997, 引自 Thompson, Rudolph, & Henderson, 2004/2005, p.17-18）

第11章
大專院校與社區團體諮商

11-1 諮商師訓練課程及大專院校團體諮商

一、諮商師訓練課程的團體成員

在學校的訓練課程裡，通常以大學生或研究生為團體練習對象。由於學生本身都在研習團體諮商，因此較合作，也是所謂的「完美」團體成員。但諮商師可能帶領的團體很多元，如不同性別、年齡、背景、關切議題等，除非諮商師後來是在大學院校工作，否則在學術課程裡所帶領的團體經驗，有時無法有效遷移到實際的臨床工作上。因此，諮商師最好在帶領實際團體之前，要針對所服務的對象及團體實務，做更確實的接觸與瞭解，然後帶領團體，才會更有自信。諮商師養成課程的團體，雖然同質性高，但在課程學習的目的之外，也可以從團體中進一步瞭解團體的動力與功能，讓自己對於參與及帶領團體有第一手的經驗與收穫。

二、大專院校團體諮商

大學生正值青春期晚期，也就是建立自我認同，在同儕、家庭與伴侶間做獨立與依賴的平衡，離開父母及選擇生活方式與生涯的關鍵期。因此，可以依據學生發展的需求，規畫不同的諮商團體，學生也可以在安全的環境中，彼此提供支持，也嘗試新的想法與事務。

在大學院校進行教育心理的團體有 4 個要素：一般聚焦的主題、教導的教學、個人化資訊、行為的教導，而諮商團體主要是協助學生對問題有新的、健康的新思維，讓他們可以在未來做出讓生活更滿意的決定（McWhirter, 1995, cited in Kincade & Kalodner, 2004, p.369）。

主題可以聚焦在壓力或時間管理、親密關係與人際關係、家人關係（因為初次離開家庭，有機會檢視家庭對個人的影響）、自我探索等。要注意（Kincade & Kalodner, 2004, pp.371-373）：

（一）學生背景多元而複雜，有更多議題可以討論。

（二）學校環境封閉，容易有多重關係出現，如師生關係、學生同上一門課。

（三）學生上課時間不同，也有許多事務要忙（如社團、打工），要找共同時間不容易，也因此要取得學生參與團體的承諾也不易。

（四）保密更難。

（五）學生不會主動參與團體，因為不瞭解團體工作與效能，也不清楚如何參與。

（六）教職員即便轉介學生參與團體，也不瞭解團體的運作或主題，常常做不適當的轉介。

一般大學有資源教室的學生，不管是智能或是肢體障礙的學生，可以運用團體做其支持與相關資訊的交流。大學裡還有許多非傳統型學生，也就是年齡在 25 歲以上的成人學生，包括研究生與進修部的學生，學校也需要為這些族群服務。可以開設的團體主題包括：生活壓力、角色衝突（如家庭、學生與工作角色）、學習策略與時間管理、失落事件等。此外，許多學校也有外籍生與交換陸生，這些學生可能也有特殊需求，如生活適應、文化差異、親密關係等，團體諮商也是可以著力之處。

<table>
<tr><td rowspan="18">美國大專院校團體諮商主題</td><td>1. 轉換階段議題：如何讓大學學習成功，或是針對家庭第一代進入大學者所做的相關教育心理為主的團體。</td></tr>
<tr><td>2. 家庭失功能團體，如父母酗酒、離異、心理劇與家庭關係。</td></tr>
<tr><td>3. 增進自信團體。</td></tr>
<tr><td>4. 人際過程團體。</td></tr>
<tr><td>5. 探索多元文化或相關議題，如性別、族群或障礙程度。</td></tr>
<tr><td>6. 演說焦慮。</td></tr>
<tr><td>7. 助人專業主修學生自我覺察團體，或一般生之創意自我覺察團體。</td></tr>
<tr><td>8. 憂鬱情緒管理。</td></tr>
<tr><td>9. 壓力與放鬆團體。</td></tr>
<tr><td>10. 冥思體驗團體。</td></tr>
<tr><td>11. 冥思與壓力紓解。</td></tr>
<tr><td>12. 促成改變團體，或靈性成長團體。</td></tr>
<tr><td>13. 當氣憤影響關係時。</td></tr>
<tr><td>14. 飲食失調支持團體。</td></tr>
<tr><td>15. 強迫症團體。</td></tr>
<tr><td>16. 學業問題支持團體。</td></tr>
<tr><td>17. 學習過健康生活。</td></tr>
<tr><td>18. 諮商與治療團體。</td></tr>
</table>

（Kincade & Kalodner, 2004, p.370; Schneider Corey et al., 2014, pp.364-365）

（Kincade & Kalodner, 2004, p.375）

11-2 社區團體諮商

在社區提供團體諮商，除了團體的經濟與效果之外，還可以提供服務給較少使用心理衛生服務的在地居民，因為團體服務的價錢是多數民眾可以負擔的。此外，團體諮商有以下不同特色：

一、成員背景多元

社區因為服務的族群甚多，因此團體諮商的主題更多元。要注意的是多元文化的議題，也就是每個成員可能因不同的性別、種族、語言、年齡、性取向、能力、社經背景或生命經驗等，而有不同需求，團體領導者就更需要配備相關的背景知識與能力，以免造成不尊重當事人或甚至釀成傷害。

女性受到社會文化的約束與期待，是屬於關係取向，在面對面的情況下很容易受影響，有較多從眾行為。相反地，男性被期待要獨立，有自己意見，因此習慣用不同意其他團體成員的方式來表現自我（Forsyth, 1999）。男性團體若加入女性，男性成員就容易有競爭的氣氛，也會為了爭取女性的認同而關注在女性成員太多時間（Gazda, et al., 2001）。但是也有學者持不同意見，認為性別混搭的團體通常會讓不同性別參與者學習更多，可用來瞭解性別社會化或減少性別分化的嚴重性（Kees & Leech, 2004, p.447）。

社區也要依據在地化需求，才有可能設計與進行有效團體。例如許多原民部落的居民，還是資源分配缺乏的區域，加上交通不便利，要讓居民參與團體就需要做許多適性的考量，像是是否由諮商師深入社區進行團體，團體設計要彈性、融入當地的文化與生活習慣，和參與成員有更個人的互動與交流等，這些都有助於團體的有效性。

對於有較多新移民的社區，傳統的性別分工仍然堅固存在，養兒育女的責任大部分落在新移民女性身上，加上社經背景較差，女性通常要身兼數職，因此團體的成立與永續發展，對此族群更有助益。

有鑑於此，社區團體的領導者也需要具備多元文化知能，特別是對當地文化與人口統計學有相當認識，才可以規畫及領導當地居民需要的團體。

二、女性團體

女性參與支持團體的人數遠遠超過男性，女性也有許多共同的議題可以討論。女性團體可以以較為平權的方式進行，避免將外面社會的父權（男性為尊）再度複製在團體中，最好也由女性擔任領導者，而若是配偶或伴侶團體，可以一男一女方式搭配領導。女性自己的生命故事與經驗，就可以引發許多共鳴，這也是女性求知的途徑之一。

女性團體的主題有：自我瞭解與成長、社會化底下的女性、家庭議題、子女養育、親密關係、自我照顧、親子溝通、照顧上一代、性侵害或性虐待、飲食失調、藥物濫用等。

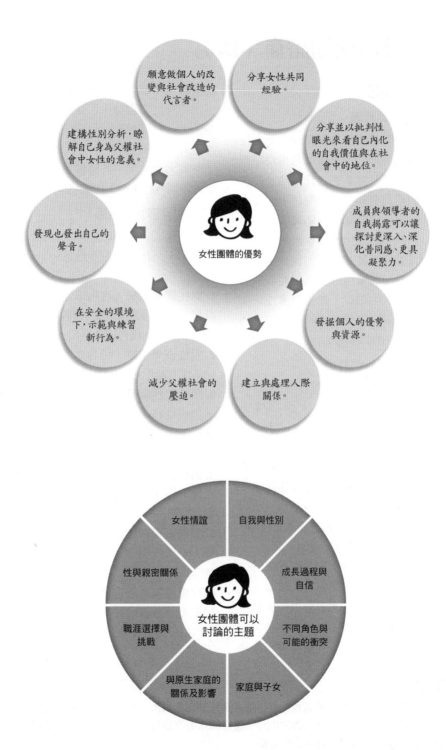

願意做個人的改變與社會改造的代言者。

分享女性共同經驗。

建構性別分析,瞭解自己身為父權社會中女性的意義。

分享並以批判性眼光來看自己內化的自我價值與在社會中的地位。

發現也發出自己的聲音。

成員與領導者的自我揭露可以讓探討更深入、深化普同感、更具凝聚力。

女性團體的優勢

在安全的環境下,示範與練習新行為。

發掘個人的優勢與資源。

減少父權社會的壓迫。

建立與處理人際關係。

女性情誼

自我與性別

性與親密關係

成長過程與自信

職涯選擇與挑戰

女性團體可以討論的主題

不同角色與可能的衝突

與原生家庭的關係及影響

家庭與子女

11-3 社區團體諮商（續）

三、男性團體

（一）男性求助意願

男性不喜歡求助於個別諮商，而男性支持團體極少，許多人誤以為男性不想參與團體，主要可能與男性自己及社會對男性的期待有關，像是期待男性獨立自主、有能力與成就、求助是弱者的行為等。一般人認為男性會羞於表現自己的脆弱或感覺丟臉的一面，但在全男性團體卻少見。團體可以提供男性自由表達感受與想法的機會、性格裡男性與女性的不同面向，瞭解社會建構性別的情況與自己可以做的選擇。

（二）男性諮商團體特色

大部分的男性團體是有教育心理與人際關係的元素，加上過程導向（Schneideer Corey, et al., 2014, p.376）。男性團體最初可以較傾向「任務導向」（如如何做個更好的父親），接著就可以鼓勵成員表達情緒。男性團體通常為期較短，步調較快，也較有結構性。男性團體的領導者需要示範自我揭露行為，瞭解目前男性社會角色的轉變與問題。

在男性團體裡可以碰觸的主題有：信任、脆弱、優勢與弱勢，男人情誼、競爭、原生家庭議題（如未竟事物與對目前生活及家庭的影響）、性與性別（如性別角色與性傾向）、友誼（如同性情誼或異性情誼）、主導與臣服（如性別中不同特性之發揮）、愛與恨（如親密關係議題）、悲傷、強迫想法與行為（包括酗酒、上癮行為或工作狂）、工作（如工作壓力與成就、人際關係、家庭與工作角色期待之衝突）與死亡等。

（三）男性團體的迷思

有學者（Andronico & Horne, 2004, pp. 461-464）列出全男性團體的一些錯誤觀念：

1. 男性需要結構，否則不知如何運作：事實上，男性團體所需結構寬嚴不一，主要還是看團體目的與組成人員而定。

2. 男性沒有情緒：男性當然也有情緒，只是沒有給予適當的場所表達。

3. 所有男性團體都是氣憤團體：男性最明顯的情緒是生氣，這似乎也是社會容許的情緒，但是男性團體可以表達的情緒範圍極廣，不限於氣憤。

4. 男性好競爭，所以無法在團體內獲得支持：男性需要的支持不亞於女性，也可以從事許多合作性活動。

5. 男性沒有興趣與另一位男性會晤：事實上，男性亟需與其他人接觸，特別是其他男性。

6. 只有較自由派的男性需要表達情感：只要給予適當的時機與場合，所有男性都可以安全表達自己的許多情感。

小博士 解說

男性團體裡面可以談論的議題有許多，像是男性氣概與角色、男性與父母親的關係、男性定義自己的方式（通常缺乏陰柔的部分，這也暗示著否定部分的自我）、性與性別、父親角色與自我等，可以開拓的議題有更多。

全男性與全女性團體的優點注意事項　　（Gazda, et al., 2001, pp.66-70）

全男性團體	全女性團體

優點

1. 團體提供機會讓男性與自己的內在情緒與靈性面做真實接觸，不會遭受到社會大眾的異樣眼光。
2. 彼此之間可以體驗到有良師指引的學習機會，這是在一般社交場合中所缺乏的。

注意事項

1. 要以邀請的方式請成員加入。
2. 邀請他們說出自己的故事。保證不會有丟臉或污辱的情況。
3. 說話宜直接，展示信賴度，但是不強調智性的討論。
4. 領導者要展現出自信、有能力與專家立場。
5. 要有能力處理丟臉、罪惡感、拋棄、悲傷、害怕、依賴與氣憤等情緒，卻不害怕這些情緒。
6. 避免男性刻板印象與性別歧視態度。父子關係是一個重要討論的議題。

優點

1. 是社會文化的弱勢，聚集在一起，可以互相支持，感覺有希望。
2. 討論議題是大家共同關切的，如家暴受害、性侵存活者、飲食失調等。
3. 女性較男性容易體驗到突然爆發情緒的負面結果，團體提供了宣洩與支持的途徑。

注意事項

1. 領導者需要有能力催化頓悟與成員互動。
2. 瞭解社會影響力下的女性處境。
3. 示範優勢、滋養與自我肯定。
4. 對於女性議題的瞭解（如母職），與檢視其受到的社會壓力。

11-4 親子及特定議題團體

（一）親子議題團體

社區裡的年輕家庭，很需要有關親職教育或親子關係的團體，加上價值觀變化與科技的日新月異，讓親職功能受到許多影響與干擾，因此有個團體讓彼此有機會聚在一起，討論與分享關切的議題，可以減少孤獨感、無助感，也會促進親職效能。

親職或親子團體可以在社區進行，主要還是地利之便，加上可以在時間上做較佳的調整，若是附帶的安親班等協助，會讓團體進行更順利，更有效率。

一般目前學校所舉辦的親職講座或是團體，常常無法因應家長們的需求，也因此浪費了金錢與心力，由社區主導辦理親職或親子團體，其效果是具有前瞻性的。

當然，不同的親子議題也可以依據孩子發展的年齡、階段或議題，來做不同的設計與規畫，像是親子關係、上網行為、青少年叛逆、同雙性戀、溝通與管教等，都可以納入考量。

（二）特定議題團體

社區內依據社區居民的不同需求，也可能需要特定議題的團體，包括青少年自我認識團體、兒童社交技能團體、戒菸或戒酒團體、家暴或性侵害受害者團體、照顧人團體（如照顧家中長者）等。

有些工業區若是居民工作時間較晚，孩子回到家無人監護，也可以另闢有安親與教育功能的團體，以預防未來孩子行為偏差或不知如何運用閒暇與時間的問題。

雖然許多家長會讓孩子在放學或課後參加安親或補習班，然而年輕的一代還是需要課業以外的活動及體驗，讓他們開始去思考如何安排生活與時間，要不然很容易流為「手機一族」，不知人生而為何。

社區針對年輕族群的團體，還可以在孩子寒暑假的時間來進行，配合一些相關的發展任務、技能養成與創意有趣的元素，孩子們可以在自己社區發現更多可以學習與著力之處，這樣的團體會促成社區一體感、資源共享的結果。

小博士解說

親子一起參與團體，可以讓家長更了解孩子的需求，也學習如何與孩子親密相處。像是「親子共學團體」，針對家長與孩子共同出席所進行的團體，其主題可以按照需求來決定（如溝通、繪本閱讀與分享，或自信建立等）。

能依據成員不同生活經驗做適當介入。

覺察自己的價值觀、態度、偏見與假設。

勝任多元文化領導者的條件
（DeLucia-Waack, 2010, cited in Schneider Corey et al, 2014, p.13）

對於不同背景成員可能影響團體過程，有一般性的認識。

1
要能瞭解有關性別與性傾向的議題，並且能夠在團體中做建設性的探索。

6
讓成員知道團體過程中隱含的一些基本價值觀與期待，像是自我揭露、反思個人的生活與冒險。

2
考量到不同社會、環境與政治因素，在做診斷與介入處置時的可能影響。

多元文化領導者
（Schneider Corey et al.,2014, p.15）

5
當成員的困難是來自他人的種族歧視或偏見時，協助成員做決定，讓他們不會將環境中的歧視內化。

3
尊重當事人文化裡家庭與社區權力位階的角色。

4
尊重成員的宗教與靈性信仰及價值觀。

11-5 老人團體

一、老年人口與服務需求

美國至 2030 年時，老年（年滿 65 歲）的人口就會達到 20%，也就是每 5 人之中就有 1 人是老年人，台灣的老年人口成長亦同，目前南部屏東的老年人口已超過 20%，預估到 2050 年，台灣每 4 人中就有 1 名超過 65 歲的老人。

老人議題也是目前舉世矚目的焦點，因為人類壽命增長但失能情況也會增加，除了有相關企業的蓬勃發展外，還有許多連帶的議題需要關注，包括醫療費用、照顧與安養、生命品質與維持等面向。

二、老年團體的功效

老年團體可以提升年老的正向面，協助成員因應老年的發展議題，協助老年人找尋生命意義，或是退休後活得有建設性。

老年團體也是一個經濟有效的服務方式，不僅可以減少老年人的孤單（普同感），增加其人際互動與支持，還可以對存在議題（一生回顧、生命意義等）有相當好的增能效果。

團體可以增進老人的身心健康，讓他們有自控感、效能感與希望感，與人建立關係，提供澄清生命事件與意義的機會，還可以學習新的因應方式與能力。然而，可能因為交通困難、老年人的病痛情況，而增加老年人團體的困難度。

三、老年團體種類

老人參與的團體有兩類（Henderson & Gladding, 2004, pp.470-473）：

（一）倡議團體（advocacy groups）：讓健康與行動無問題的老年人參與，主要是資訊的傳輸與服務，讓成員擔任義工，繼續貢獻社會，讓他們有意義感，也重新得力！

（二）補救或矯正團體（remediation groups）：對周遭現實世界失去方向感的老年人，或是讓老年人聚焦在目前與未來感的團體，回顧一生並將生命做統整的團體，特殊主題的團體（如老年喪偶、讀書會、健康、藝術或祖父母團體），以及特殊成員團體（如哀傷、住院或療養院裡的團體）。

四、帶領老年團體注意事項

帶領老年人的諮商團體，必須要對老年的生命發展與特殊需求有所瞭解，老年人的身體狀況會越來越差，個別差異也很大，孤單、無望與害怕等心境，以及自尊較低，認為自己無價值或貢獻，甚至感受到對生命失控、失去社會地位，加上社會對於老年人的負面刻板印象，也都挑戰著領導者的專業能力。

帶領老年團體的步調要緩慢，過程要有彈性，對於分心或打岔問題要更寬容，也要瞭解不同世界觀的存在。老年人對於團體會有許多疑義，包括團體具體目標為何？為何需要做個人事件的分享？帶領者年紀輕輕是否瞭解老年人的需求等，要有耐心去瞭解與回應。

一般老人團體可以進行的議題（不限與此）

一般老人團體可以進行的議題（不限與此）

1. 日常生活與人互動。

2. 與家人互動情況。

3. 身體機能的退化與因應之道。

4. 討論與打破對老年人的刻板印象，藉此建立成功老化的初步。

5. 減少老年日常可能遭遇危險與維持健康的生活方式。

6. 失落議題，包括伴侶或家人離世、老友凋謝、自己的健康走下坡，以及面臨的死亡議題。

7. 運動與飲食。

8. 老化記憶與協助記憶的方式。

9. 老年情緒問題與障礙。

10. 生命回顧。

✱ 註：機構內的老人團體議題可能與一般健康老人不同。

進行老年團體的一些想法

進行老年團體的一些想法

1. 團體進行之初，以老年族群熟悉的歌曲或音樂開場，或簡單的活動、肢體運動，也可以帶一些放鬆活動。

2. 即便是老人運動團體，如太極或外丹功等，也可以在帶領完後進行團體。

3. 老年團體的進行可以不拘場所，如同上述在運動場合打完太極之後，聚在一起喝茶、吃點心討論。

4. 準備茶點或是健康飲食在現場，可以順便讓團體成員分享，也讓氣氛輕鬆些，還可以增加成員參與的動機。

11-6 老人團體（續一）

四、帶領老年團體注意事項（續）

進行老人團體需要注意：

（一）解釋團體目的與理由。

（二）清楚的目標與如何達成。

（三）團體內容、活動與評估計畫。

（四）治療性團體需要做成員篩選。

（五）注意物理環境的燈光與安全性（如坐輪椅的老人、靠近廁所、溫度適當），也讓成員盡可能圍成一圈坐。

（六）團體時間最好不要安排在傍晚以後，因為老人晚上較少出門，也較早就寢。

（七）大部分的團體是有次數限制的（容易建立認與同理），醫療院所有較多開放式團體。

（八）注意身體不便或有五官障礙者，要做適當調整。

（九）活動以語言或非語言方式進行，亦可使用電腦科技協助。

（十）團體人數較少。

（十一）鼓勵成員在團體外進行社交活動。

（十二）老年人建立信任感較慢，團體進度也較慢，需要有耐心。

（十三）領導者需要持續做自我檢視，包括自己對老年人的可能偏見或刻板印象。

此外，帶領老人團體會有較多挫敗感、較多的照顧動作、耗費體力較多，達成目標也較有限。

五、老年團體進行方式

老人團體進行的方式很多元，不需要拘泥於傳統的團體諮商形式或場所，像是利用園藝、藝術、音樂、身體活動、寵物治療、閱讀、義工活動等媒介，日本甚至讓年輕人與老年人在同一團體中，可以讓老年人重拾生命活力與樂趣，而年輕人也更懂得同理、尊敬老人與珍惜。研究指出，教育程度與失智症呈反比關係，也就是教育程度越高，越不容易罹患失智症，而閱讀也可以有許多樂趣及收穫。許多人退休時年紀都尚輕，除了花時間旅遊、做義工之外，有不少時間是花在靜態、被動的看電視上，因此若能讓認知能力尚佳的老人固定參與團體，分享閱讀心得與觀點，不僅提供老人家社交場域，還可以有許多智性的刺激與收穫。

另外，與老人團體有關的可能就是「老人照顧議題」的團體。

許多所謂的「三明治」族群（就是夾在上有老年父母或公婆，下有年幼子女的族群），還是與老一輩同住，需要負責照顧長輩。倘若長輩有病痛或是失智情況，即便請了外傭協助，自己還是要很清楚該如何讓長輩過較自在、獨立的生活。此外，擔任主要照顧者的多為女性，有諸多壓力需要調節，如果有一個同質性高的團體可以參與，不僅讓這些照顧者可以暫時得到喘息，也可以彼此支持，甚至分享一些有效資訊與資源。

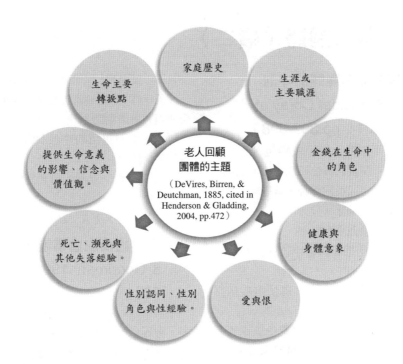

老人回顧
團體的主題
（DeVires, Birren, &
Deutchman, 1885, cited in
Henderson & Gladding,
2004, pp.472）

家庭歷史

生涯或
主要職涯

金錢在生命中
的角色

健康與
身體意象

愛與恨

性別認同、性別
角色與性經驗。

死亡、瀕死與
其他失落經驗。

提供生命意義
的影響、信念與
價值觀。

生命主要
轉捩點

老年團體領導者需具備的特質

1. 真心尊重。

2. 與老人有正向經驗。

3. 真心關切老人。

4. 尊重不同的文化價值觀。

5. 瞭解成員不同文化背景對其目前行為與態度的影響。

6. 想要從老年人身上學習。

7. 相信生命最後的幾年可以是具挑戰性與值得的。

8. 耐心，特別是對於重複聽到的故事要耐心聆聽。

9. 瞭解老人身、心、靈與社會發展的需求。

10. 要敏銳覺察老年人可能有的負擔與焦慮。

11. 有能力讓老年人挑戰許多對老年人的迷思。

12. 願意去觸碰或被碰觸（是在文化背景容許的情況下）。

13. 對於自我的老化有健康態度。

14. 有老年病理學相關背景。

15. 有能力處理極端的情緒，如失落、憂鬱、孤單、無助、悲傷、敵意與絕望。

16. 擁有帶領老年團體的必要知識與技巧。

（Schneider Corey et al.,2014, pp.395-396）

11-7 老人團體（續二）

六、帶領老年團體的守則（Schneider Corey et al.,2014, pp.397-398）

（一）不要將老人視為脆弱族群。

（二）不要讓成員忙於無意義的活動。

（三）肯定成員的尊嚴、智慧與自尊。

（四）注意稱呼。

（五）適當運用幽默。

（六）避免把成員當小孩那樣跟他們說話。

（七）讓成員去抱怨，即便這些抱怨無從解決。

（八）若有強烈情緒也避免去探究，因為成員或領導者可能都無法承擔。

（九）決定自己可以做多少而不會心力耗竭，要找出讓自己可以恢復活力與熱情的方法。

七、老年人較少利用心理衛生服務機構的原因（Waters & Goodman, 1990, pp.66-67）

（一）對於自我效能的驕傲。

（二）若尋求協助，等於是承認自己脆弱或無能。

（三）對於心理衛生服務缺乏認識（特別是諮商）。

（四）認為自己不配他人的服務。

（五）不想增加財務負擔，或拒絕政府或福利機構協助。

（六）認為可用的資源不恰當，或威脅其獨立能力。

（七）對心理疾病的污名認知更甚於年輕族群。

（八）行動不便或欠缺交通工具。

八、老年諮商注意事項（Waters & Goodman, 1990, pp.68-78）

（一）建立信任：詢問其對諮商的認識，也介紹諮商功能與過程，盡量回答可能隱含的疑問（如對年輕諮商師的不信任）。

（二）找出成員的重要他人。

（三）評估成員的身體與生活功能。

（四）設立具體目標、獲得承諾。

（五）了解成員有多元背景、個別差異。

（六）協助其調適與學習新的因應之道與問題解決方法。

（七）注意過度依賴的可能性（結束團體會較困難）。

（八）與其他老年（服務）相關機構的合作。

小博士 解說

要將老年人聚集在一起不容易，特別是罹患慢性疾病、需要常跑醫院的老人，然而這些族群也是最容易被孤立的。目前台灣許多社區有專為老人設置的活動中心或是活動，甚至有日間照顧的服務。一般健康老人家若無家人同住，或是白天只有老人家守在家裡，特別需要社交活動來豐富生活，也減少罹患失智症的機率，因此相關的老人團體有極大發展潛能。

帶領老人團體注意事項

帶領老人團體注意事項

1. 老年人可能會認為領導者太年輕,不熟悉老年族群或關切之議題,不妨以「不知」與「請益就教」的態度來因應。

2. 老年人可能因為經濟、教育程度或生命經驗不同,彼此之間會有價值觀的差異,強調彼此來學習、互動,且彼此「尊重」是很重要的。

3. 有些老年人可能會慢慢出現失智徵狀,要在觀察之後與其家人做聯繫,協助就醫或做診療。

4. 有些老年人喜歡順從做一些活動,也都需要尊重其配合意願,不可強迫。

5. 有些老年人會較悲觀,常常以負面角度看事情,若以正面角度切入,其不一定會領受,不妨試圖去理解其感受之後,再以其他角度切入會更佳。

6. 若干老人家有聽力或眼力退化情況,要注意怎樣的安排與配合會讓他/她在團體中更自在參與,而不是拉高嗓門或將字體放大即可,不理解的部分要隨時請教老年專科醫師。

7. 帶領老年團體,彈性要夠,且要有活力與創意。

（Schneider Corey et al.,2014, pp.395-396）

11-8 自助團體

社區裡面還可以進行許多的自助團體（self-help group）。所謂的自助團體由來已久，可以遠溯自人類社會成型以來就存在了。

西方最早的自助團體起自 1930 年代，其特色是同儕取向、問題聚焦、有特殊理念（對抗汙名或孤立情境）及遠離社會規範者（不被社會接受的族群），也是既存系統無法服務到的族群。

直到 1950 年代則開始有如酗酒與賭博匿名團體的出現，後來又與社會運動有關的團體（如民權、婦女運動、及消費者運動）而蓬勃發展，目前許多的自助團體則是較少經濟因素，著重在個人議題上。

自助團體強調成員面對面的互動，目標是造成個人改變，重視情感的表達與宣洩、彼此支持，共同為實現目標而努力，也獲得更多有效的因應技巧。

諮商團體與自助團體最大的不同在於專業領導者的有無，但是自助團體成員認為他們的團體領導者較為活躍積極，有較高的凝聚力，較多結構，也較任務導向，成員較之治療團體要更獨立。

自助團體聚焦重點不同，Bean（1975, cited in Gazda, 2001, p.346）將其分為：

一、危機取向團體：討論生活中重大轉變的問題，成員提供彼此情緒支持與教育資訊。

二、永久團體：聚焦在長期的問題上，像是侏儒、更生人或心理疾病者，目的在提升自信、對抗偏見。

三、上癮團體：對抗破壞性行為或習慣，協助成員建立新的行為。

坊間許多自助團體是以支持性居多，或是以讀書會的型態出現，除了分享讀書心得之外，也延伸至自我照顧、訊息與資源相通，以及彼此深刻的情誼。

通常參與過一般的諮商團體之後，會比較瞭解團體的運作方式與效能，倘若要延續這樣的支持效果，就可以由社區居民自行組成固定時間與聚會場所的自助團體。

如果對於團體帶領還不是很熟悉，可以商請社區內合格團體領導者來帶領一段時間，也許請其訓練所謂的「種子領導者」，讓成員們可以慢慢學習帶領。

小博士解說

自助型團體（self-help group）通常是成員自發性組成的團體，有讀書會、主題分享等，主要目的是彼此支持與經驗分享。自助型團體通常不需要固定領導者，而是由成員自己輪流擔任，因此其結構較為平權。

有共同生活處境者，如悲傷、離異或退伍軍人。

聚焦在個人自我實現或成長議題，如靈性成長。

聚焦在社會倡導，如身障團體。

自助團體的分類
（Katz & Bender, cited in Gazda et al., 2001, p.345）

為尋求離開社會與生活壓力的人們提供庇護，如藥癮者或曾吸毒者。

聚焦在不同生活型態的選擇，如同志權利與婦女解放。

讓老人得力（或賦能）

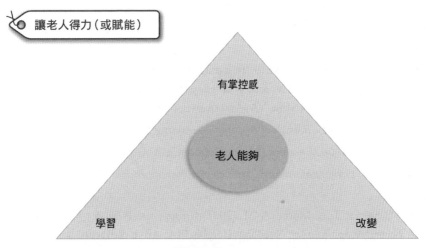

有掌控感

老人能夠

學習

改變

（Water & Goodman, 1990, p.4）

參考書目

王嘉琳、廖欣娟、吳建豪、張慈宜、尹彰德（譯）(2009)。團體諮商：理論與實務（第七版）(by G. Corey, 2008, Theory & practice of group counseling)。台北：學富。

周甘逢、周梅如、王亦玲、林立峰（譯）(2005)。兒童諮商理論與技術（第六版）(by C. L. Thompson, Rudolph, L. B., & Henderson, D. 2005, Counseling children)。台北：華騰文化。

許育光 (2012)。碩士層級新手諮商師領導非結構諮商團體之經驗分析：個人議題映照與專業發展初探。輔導與諮商學報，34(2)，23-44。

Akos, P. (2004). Response to screening of members: "Everyone is welcome". In L. E. Tyson, R. Perusse, & J. Whitledge (Eds.), *Critical incidents in group counseling* (pp.10-12). Alexandria, VA: American Counseling Association.

Burliongame, G. M., MacKenzie, K. R., & Strauss, B. (2024). Small-group treatment:Evidence for effectiveness & mechanisms of change. In M. J. Lambert (ed.)*Bergin and Garfield's handbook of psychotherapy & behavior change* (5th ed.) (pp.647-696).NY: John Wiley & Sons.

Berg, R. C., Landreth, G. L., &Fall, K. A. (2006). *Group counseling: Concepts & procedures* (4th ed.). Ny.Y.: Routledge.

Cohn, H. W. (1997). *Existential thought & therapeutic practice*. Thousand Oaks, CA: Sage.

Coleman, M. N., Kivlighan, D. M. Jr., & Roehlke, H. J. (2009). A taxonomy of the feedback given in the group supervision of group counselor trainees. *Group Dynamics: Theory, Research, & Practice, 13*(4), 300-315.

Corey, G. (2000). *Student manual: Theory & practice of group counseling*(5th ed.). Belmont, CA: Brooks/Cole.

DeLucia-Waak, J. L. (2004). Response to "Inappropriate group activities: "These will work!".In L. E. Tyson, R. Perusse, & J. Whitledge (Eds.), *Critical incidents in group counseling* (pp.60-61). Alexandria, VA: American Counseling Association.

Ehly, S., & Dustin, R. (1989).*Individual & group counseling in schools*. N.Y.: Guilford.

Forsyth, D. R. (1999).*Group dynamics* (3[rd]ed.). Belmont, CA: Brooks/Cole.

Gazda, G. M. (1989). *Group counseling: A developmental approach* (4[th]ed.). MA: Allyn & Bacon.

Gazda, G. M., Ginter, E. J., & Morne, A. M. (2001).*Group counseling & group psychotherapy: Theory & application.* Needham Heights,MA: Allyn & Bacon.

Guay, V. L. (2004). Response to "Termination:"We will tell you how it's done". In L. E. Tyson, R. Perusse, & J. Whitledge (Eds.), *Critical incidents in group counseling*(pp.48-49). Alexandria, VA: American Counseling Association.

Hawkins, P., & Shohet, R. (2006).*Supervision in the helping professions* (3rded.). Buckingham, UK: Open University Press..

Henderson, D. A., & Gladding, S. T. (2004). Group counseling with older adults. In J. L. DeLucia-Waack, D. A. Gerrity, C. R. Kalodner, & M. T. Riva (Eds.), *Handbook of Group counseling &psychotherapy*(pp.469-478). Thousand Oaks, CA: Sage

Johnson, D. W. & Johnson, F. P. (1994).*Joining Together: Group theory & group skills.* IL, Boston:Allyn& Bacon.

Kees, N., & Leech, N. (2004). Practice trends in women's groups: An inclusive view. In J. L. DeLucia-Waack, D. A. Gerrity, C. R. Kalodner, & M. T. Riva (Eds.), *Handbook of Group counseling &psychotherapy*(pp.445-455). Thousand Oaks, CA: Sage.

Kivlighan, D. M. Jr.,& Kivlighan, D. M. III (2009). Training related changes in the ways that group trainees structure their knowledge of group counseling leader interventions. *Group Dynamics: Theory, Research, & Practice, 13*(3), 190-204.

Lambert, M. J. & Ogles, B. M. (2004). The efficacy and effectiveness of psychotherapy. In M. J. Lambert(ed.) *Bergin and Garfield's handbook of psychotherapy & behavior change* (5th ed.) (pp.139-193). NY: John Wiley & Sons.

Li, X., Kivlighan, D. M.Jr, & Gold,P. B. (2015). Errors of commission and omission in novice group counseling trainees' knowledge structures of group counseling situations. *Journal of Counseling Psychology, 62*(2), 159-172.

Kincade, E. A., & Kalodner, C. R. (2004). The use of groups in college and university counseling centers. In J. L. DeLucia-Waack, D. A. Gerrity, C. R. Kalodner, & M. T. Riva (Eds.), *Handbook of Group counseling & psychotherapy*(pp.366-377). Thousand Oaks, CA: Sage.

Kivlighan Jr. & Kivlighan III, 2009)

MacKenzie, K. R. (1994). The developing structure of the therapy group system In H. S. Bernard & K. R. MacKenzie (Eds.), *Basics of group psychotherapy*(pp.35-59). NY: Guilford Press.

Mears, G. (2004). Response to ""Inappropriate group activities: "These will work!".In L. E. Tyson, R. Perusse, & J. Whitledge (Eds.), *Critical incidents in group counseling* (pp.62-64). Alexandria, VA: American Counseling Association.

Moore III, J. I. (2004). Response to Screening of members: "Everyone is welcome". In L. E. Tyson, R. Perusse, & J. Whitledge (Eds.), *Critical incidents in group counseling* (pp.12-14). Alexandria, VA: American Counseling Association.

Riva, M. T., Wachtel, M., & Lasky, G. B. (2004). Effective leadership in group counseling and psychotherapy: Research & practice. In J. L. DeLucia-Waack, D. A. Gerrity, C. R. Kalodner, & M. T. Riva (Eds.), *Handbook of Group counseling & psychotherapy*(pp.37-48). Thousand Oaks, CA: Sage.

Russ, K. (2004). Response to Equal, treatment of members: "Bridging the gap of rural versus inner-city felons". In L. E. Tyson, R. Perusse, & J. Whitledge (Eds.), *Critical incidents in group counseling* (pp.16-18). Alexandria, VA: American Counseling Association.

Schneider Corey, M., Corey, G., & Corey, C. (2014).*Groups process & practice* (9[th]ed.). Belmont, CA: Brooks/Cole.

Sharf, R. S. (2013). *Theories of psychotherapy & counseling: Concepts & cases* (5[th]ed.). Belmont, CA: Brooks/Cole.

Shechtman, Z. (2004). Group counseling and psychotherapy with children and adolescents. In J. L. DeLucia-Waack, D. A. Gerrity, C. R. Kalodner, & M. T. Riva (Eds.), *Handbook of Group counseling &psychotherapy*(pp.429-444). Thousand Oaks, CA: Sage.

Skovholt, T. M., & Ronnestad, M. H. (2003). Struggles of the novice counselor and therapist. *Journal of Career Development, 30*, 45-58.

Staton, A. R., Benson, A. J., Briggs, M. K., Cowan, E., Echterling, L. G., Evans, W. F., et al., (2007). *Becoming a community counselor: Personal & professional explorations*. Boston, IL: Lahaska Press.

Stockton, R., Morran, D. K., & Kreieger,K. M. (2004). An overview of current research and best practices for training beginning group leaders.In J. L. DeLucia-Waack, D. A. Gerrity, C. R. Kalodner, & M. T. Riva (Eds.), *Handbook of Group counseling & psychotherapy*(pp.65-75). Thousand Oaks, CA: Sage.

Teyber, E. (2006). *Interpersonal process in therapy: An integrative model* (5[th]ed.).Belmont, CA: Brooks/Cole.

Trozer, J. P. (2004). Conducting a group: Guidelines for choosing & using activities. In J. L. DeLucia-Waack, D. A. Gerrity, C. R. Kalodner, & M. T. Riva (Eds.), *Handbook of Group counseling & psychotherapy*(pp.76-90). Thousand Oaks, CA: Sage.

Masson, R. L., Jacobs, E. E., Harvill, R. L., & Schimmel, C. J. (2012). *Group counseling: Interventions & techniques* (7th ed.). Belmont, CA: Brooks/Cole.

Waters, E. B., & Goodman, J. (1990). *Empowering older adults: Practical strategies for counselors*. San Francisco, CA: Josse8-Bass.

Yalom, I. D. (1995) . *Theory & practice of group psychotherapy* (4[th]ed.). N.Y.:BasicBooks.

國家圖書館出版品預行編目資料

圖解團體輔導與諮商／邱珍琬著.--二版.--
臺北市：五南圖書出版股份有限公司,
2024.11
面；　公分.
ISBN 978-626-393-682-9 (平裝)

1.CST: 團體輔導　2.CST: 團體諮商

178.3　　　　　　　　　113012028

1BZW

圖解團體輔導與諮商

作　　者 ― 邱珍琬(149.29)

企劃主編 ― 王俐文

責任編輯 ― 金明芬

封面設計 ― 姚孝慈

出 版 者 ― 五南圖書出版股份有限公司

發 行 人 ― 楊榮川

總 經 理 ― 楊士清

總 編 輯 ― 楊秀麗

地　　址：106台北市大安區和平東路二段339號4樓

電　　話：(02)2705-5066　　傳　　真：(02)2706-6100

網　　址：https://www.wunan.com.tw

電子郵件：wunan@wunan.com.tw

劃撥帳號：01068953

戶　　名：五南圖書出版股份有限公司

法律顧問　林勝安律師

出版日期　2016年 3 月初版一刷（共三刷）
　　　　　2024年11月二版一刷

定　　價　新臺幣350元

經典永恆・名著常在

五十週年的獻禮——經典名著文庫

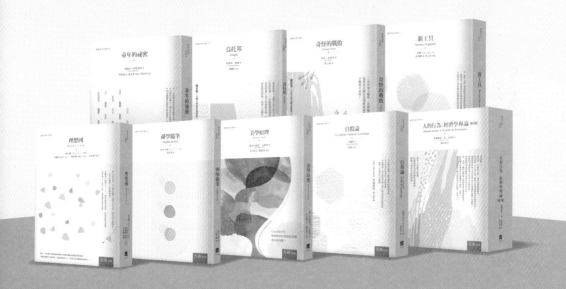

五南，五十年了，半個世紀，人生旅程的一大半，走過來了。
思索著，邁向百年的未來歷程，能為知識界、文化學術界作些什麼？
在速食文化的生態下，有什麼值得讓人雋永品味的？

歷代經典・當今名著，經過時間的洗禮，千錘百鍊，流傳至今，光芒耀人；
不僅使我們能領悟前人的智慧，同時也增深加廣我們思考的深度與視野。
我們決心投入巨資，有計畫的系統梳選，成立「經典名著文庫」，
希望收入古今中外思想性的、充滿睿智與獨見的經典、名著。
這是一項理想性的、永續性的巨大出版工程。
不在意讀者的眾寡，只考慮它的學術價值，力求完整展現先哲思想的軌跡；
為知識界開啟一片智慧之窗，營造一座百花綻放的世界文明公園，
任君遨遊、取菁吸蜜、嘉惠學子！